わかる！
ドイツ語
基礎文法と練習

森泉　　HJ クナウプ
Izumi Mori　　Hans-Joachim Knaup

音声ダウンロード方法

・付属音声をベレ出版ホームページより無料でダウンロードできます。
（MP3ファイル形式）

1. パソコンのウェブブラウザを立ち上げて「ベレ出版」ホームページ
　（www.beret.co.jp）にアクセスします。

2.「ベレ出版」ホームページ内の検索欄から、『わかる！ドイツ語　基礎
　文法と練習』の詳細ページへ。

3.「音声ダウンロード」をクリック。

4. 8ケタのダウンロードコードを入力しダウンロードを開始します。
　ダウンロードコード：**qBtoiRN4**

5. パソコンやMP3音声対応のプレーヤーに転送して、再生します。

お願いと注意点について

・デジタル・オーディオ、スマートフォンの転送・再生方法など詳
しい操作方法については小社では対応しておりません。製品付属
の取り扱い説明書、もしくは製造元へお問い合わせください。

・音声は本書籍をお買い上げくださった方へのサービスとして無料
でご提供させていただいております。様々な理由により、やむを
得ずサービスを終了することがありますことをご了承ください。

はじめに

　この本はドイツ語の骨格をしっかり学びたいという方を対象に編まれました。言葉を学び始めるにもいろいろな道があります。母語の場合、私たちは無条件にその言語世界に放り込まれて、言葉のシャワーを浴びながら身につけてきました。母語以外でも、このような学習法を選ぶ人はいますが、膨大な時間と手間を要するので、なかなかできることではありません。本書は、ドイツ語の基本文法を効率よく学ぶことで、比較的短時間に通常の文章を読めるレベルまで到達できるように工夫してあります。

　本書の特徴としては、文法事項を丁寧にやさしく説明することに加え、たくさんの例文を載せるよう努めました。これらの文にはわかりやすいシンプルなものから、ドイツ語特有の表現をともなったものまで含まれています。入門書の例文としては単純な文の方が確かにわかりやすいのですが、このような文にばかり触れていると、いざドイツ語の本を読み始める段階でギャップに苦しむことになりがちです。2つの文化圏の著者が協力することで、本書では自然で味わい深い例文を提示することが可能になったと思います。

　例文にはほぼ全て訳文をつけてありますが、ドイツ語原文との関係がわかりにくい場合を除き直訳を避けています。これはドイツ語表現のニュアンスを伝えるための配慮です。その代わり単語説明にスペースを割き、読む際の負担を軽くすると同時に、説明から直訳が推測できるようにしてあります。また例文と問題文の全てに音声をつけることで、読むことと聞くことを通してドイツ語に馴染んでいただくことを念頭に置いています。

本書は読むことと聞き取ることにウェイトを置いた作りになっていますが、音声を聞き取れるようになった段階で、聞きながら書き取ってみる練習は非常に有効です。例文や問題文を見ながら書き写すだけでも良い練習になります。語学は五感を使って学ぶものであることを思い起こしてください。何よりも慣れることが大切です。

　本文中では、文法用語の羅列を避け、用語の使用にあたってはそのつど説明してあります。途中、文法用語の意味を忘れたときには巻末の索引を使い、何度でも基本の説明に立ち返って理解を深めてください。記述においては厳密さよりも、わかりやすさを優先させました。

　言葉はきわめて精緻な構造を持っていますが、一方でかなりラフな使い方にも対応できる柔軟性があります。ドイツ語を始めるにあたっては、あまり神経質にならず、おおらかな気持ちで学ばれることをお勧めします。ドイツ語も人間の話す言葉なのですから。

著者

本書のトラック番号
第1部　▶A01 〜 A40
第2部　▶B01 〜 B52 （▶収録箇所）
第3部　　練習1a 〜 練習35c
音声収録タイム：126分

第1部　ドイツ語の文字と発音

第2部　文法と練習

第 3 部　付録

第 1 部

ドイツ語の
文字と発音

発音とスペル

● 「ローレライ」でドイツ語の響き発見

　どんな言語でも基本的に使われる音の数は決まっています。ドイツ語で使われる音の数は、日本語の約2倍程度と言われています。具体的なイメージを持っていただくために、ドイツの詩人ハイネの『ローレライ』をドイツ語で聞いてみましょう。この詩には、ドイツ語の特徴である多くの音が含まれています。

A01

イヒ　ヴァイス　ニヒトゥ　ヴァス　ゾル　エス　ベドイテン
Ich weiß nicht, was soll es bedeuten,
ダス　イヒ　ゾー　トゥラゥリヒ　ビン
Daß ich so traurig bin;
アイン　メァヒェン　アウス　アルテン　ツァイテン
Ein Märchen aus alten Zeiten,
ダス　コムトゥ　ミァ　ニヒトゥ　アウス　デーム　ズィン
Das kommt mir nicht aus dem Sinn.

ディー　ルフトゥイストゥ　キュール　ウントゥ　エス　ドゥンケルトゥ
Die Luft ist kühl und es dunkelt
ウントゥ　ルーイヒ　フリーストゥ　デァ　ライン
Und ruhig fließt der Rhein;
デァ　ギプフェル　デス　ベァゲス　フンケルトゥ
Der Gipfel des Berges funkelt
イム　アーベントゥゾネンシャイン
Im Abendsonnenschein.

ディー　シェーンステ　ユングフラウ　ズィツェトゥ
Die schönste Jungfrau sitzet
ドァトゥ　オーベン　ヴンダバァ
Dort oben wunderbar;
イァ　ゴルドゥネス　ゲシュマイデ　ブリツェトゥ
Ihr goldnes Geschmeide blitzet,
ズィー　ケムトゥ　イァ　ゴルデネス　ハァ
Sie kämmt ihr goldenes Haar.

ズィー　ケムトゥ　エス　ミトゥ　ゴルデネム　カメ
Sie kämmt es mit goldenem Kamme
ウントゥ　ズィンクトゥ　アイン　リートゥ　ダバイ
Und singt ein Lied dabei;
ダス　ハトゥ　アイネ　ヴンダザーメ
Das hat eine wundersame,
ゲヴァルティゲ　メロダイ
Gewaltige Melodei.

デーン　シファ　イム　クライネン　シフェ
Den Schiffer im kleinen Schiffe
エァグライフトゥ　エス　ミトゥ　ヴィルデム　ヴェー
Ergreift es mit wildem Weh;
エァ　シャウトゥ　ニヒトゥ　ディー　フェルゼンリフェ
Er schaut nicht die Felsenriffe
エァ　シャウトゥ　ヌァ　ヒナウフ　イン　ディー　ヘェ
Er schaut nur hinauf in die Höh'.

イヒ　グラウベ　ディー　ヴェレン　フェァシュリンゲン
Ich glaube, die Wellen verschlingen
アム　エンデ　シファ　ウントゥ　カァン
Am Ende Schiffer und Kahn;
ウントゥ　ダス　ハトゥ　ミトゥ　イーレム　ズィンゲン
Und das hat mit ihrem Singen
ディー　ローレライ　ゲタァン
Die Lore-Ley getan.

　ドイツ語で使われる音が日本語の倍になると言っても、実際には似た音が多く、ドイツ語独特の音と言えそうなのは10に満たないほどです。むしろ似ている音が大多数なのですが、実はここに落とし穴があります。似ているとは言っても同じではないので、その違いをぜひ音源で聞き分けていただきたいと思います。美しい発音を身につけたいと思われている方は、ぜひ繰り返し音源を聞いてみてください。

● ドイツ語のアルファベット

　ドイツ語で使われる文字は、英語とほぼ同じで、アルファベット26文字＋ドイツ語特有の4文字を加えた30文字となります。ちなみに、ドイツ語でアルファベットは「アルファベート」と発音します。

| A,B,C,D,E,F,G,H,I,J,K,L,M,N,O,P,Q,R,S,T,U,V,W,X,Y,Z | Ä,Ö,Ü,ß |

A02

　以下の表に、各文字の名前をカタカナで記してみます。ただし、これはあくまでも目安で、実際の音とは異なりますから、必ず音声を聞きながら文字の読み方を確認してください。

文字	文字の名前	文字	文字の名前	文字	文字の名前
A a	アー	K k	カー	U u	ウー
B b	ベー	L l	エル	V v	ファオ
C c	ツェー	M m	エム	W w	ヴェー
D d	デー	N n	エヌ	X x	イクス
E e	エー	O o	オー	Y y	イプスィロン
F f	エフ	P p	ペー	Z z	ツェットゥ
G g	ゲー	Q q	クー	Ä ä	アーウムラオトゥ
H h	ハー	R r	エァ	Ö ö	オーウムラオトゥ
I i	イー	S s	エス	Ü ü	ウーウムラオトゥ
J j	ヨットゥ	T t	テー	ß ß	エスツェットゥ

Ää、Öö、Üü、ßßがドイツ語特有の文字ということになります。
「ß」はこれまで小文字しか認められていませんでしたが、2017年以降大文字も公式に用いられるようになりました。

ドイツ語発音のアウトライン

● 母音の発音

　ドイツ語の母音a、e、i、o、uの音は、日本語の母音「あ、え、い、お、う」とほぼ同じです。ローマ字と同じように読んでください。ただし、uは日本語の「う」よりも唇を丸くすぼめて発音します。また、全ての母音に、短音と長音があります。以下、音を確認していただくために、サンプルを例示しますが、必ず音源を聞きながら注意深く音を聞き取ってください。中には日本語化したドイツ語も含まれていますが、その際は特に日本語との違いに注意してください。

アドレナリーン
Adrenalin → アドレナリン

エーデルヴァイス
Edelweiß → エーデルヴァイス

イデオロギー
Ideologie → イデオロギー

オーム
Ohm → オーム

ウラーン
Uran → ウラン

A03

文字群	発音	例
ai / ei	アイ	Mai（5月）、Ei（卵）、drei（3）
au	アウ	Auge（目）、sauber（清潔な）、Baum（木）
eu / äu	オイ	neu（新しい）、Feuer（火）、Häuser（家々）
ie	イー	Biene（蜂）、viel（たくさん）、tief（深い）

また、2つの文字を合わせて「アイ」「アウ」「オイ」となる場合があります。この時、eiの組合せは「アイ」、euとäuは「オイ」と発音します。

● **ä、ö、üの発音**

A、O、Uの文字の上に2つの点がついている文字は、ウムラウト（Umlaut＝変音）と呼びます。

äの音は日本語の「エ」または「エエ」と同じ音です。　　　　　　（▶）

（短音）　Äste → 枝　　März → 3月　　Äcker → 畑　　　A04

（長音）　Säge → ノコギリ　　Käse → チーズ　　Ähre → 穂

öの音をカナで表すのは不可能なので、具体的な音の出し方を説明します。まず準備として、感心したときのように「ほぉー！」と言ってみてください。唇がしっかり丸くなっていますね。次に、驚いたときに出す「ヘェー」という音を出してみましょう。次に仕上げとして、先の「ほぉー！」と言ったときの丸めた唇を維持したまま、同時に「ヘェー！」と言ってみましょう。唇はしっかり丸まっていますか？丸い唇をキープすることが大切です。この時に出る音が自動的にhöの長音になります。ここから子音のhを取ればドイツ語のöの音になります。

この要領でドイツ語の音に慣れるため、試しにpö、mö、gö、kö、töなどの音を出してみましょう。発音のポイントは、唇を十分に丸めた上で、「エー」という音を出すことです。

（短音）	Köln → ケルン（地名）	können → できる	▶ A05
（長音）	nötig → 必要な	Öl → オイル	Föhn → フェーン（現象）

üの音もカナで表すことは不可能なので、具体的な発音の仕方を説明します。まず唇をしっかり丸めて、「ウー」の音を出してみましょう。次に、丸めた「ウー」の唇を維持したまま、「イー」の音を出します。「イー」を発音したときに丸い唇の形を崩さないことが大切です。そうすれば、自然にüの長音が出ます。

（短音）	fünf → 5	Müll → ゴミ	Kürbis → カボチャ
（長音）	Tür → ドア	Mühe → 苦労	Brühe → ブイヨン

● 子音の発音

日本語の子音とよく似ていますが、日本語では子音が常に母音を伴い、単独で発音されることがないので注意が必要です。例えばka、ki、ku、ke、koのkの音を単独で発音してみてください。この時「k」が「ku」とならないように気をつけましょう。

次の子音を，音源を参考にして発音してみましょう。

p、b、k、g、t、d

p はpa、pi、pu、pe、poのpにあたります。

Paris → パリ　　Puppe → 人形

b はba、bi、bu、be、boのbにあたります。

Bonn → ボン（地名）　　aber → でも　　Bistro → ビストロ

ただし、bが語末に置かれた場合は常に「p」の音になります。

Klub → クラブ　　Lob → 賞賛

k はka、ki、ku、ke、koのkにあたります。

<ruby>Kanon<rt>カーノン</rt></ruby> → カノン   <ruby>Kunst<rt>クンストゥ</rt></ruby> → 芸術

▶ A09

g は ga、gi、gu、ge、go の g にあたります。

▶ A10

<ruby>Gelände<rt>ゲレンデ</rt></ruby> → ゲレンデ   <ruby>Gramm<rt>グラム</rt></ruby> → グラム

ただし、g が語末に置かれた場合は「k」の音になります。

<ruby>analog<rt>アナローク</rt></ruby> → アナログ   <ruby>Airbag<rt>エアベック</rt></ruby> → エア・バッグ

t は常にローマ字の ta、te、to の t にあたります。

▶ A11

<ruby>Tabak<rt>タバク</rt></ruby> → タバコ   <ruby>Tee<rt>テー</rt></ruby> → タバコ

d は da、de、do の d にあたります。

▶ A12

<ruby>Dobermann<rt>ドーバァマン</rt></ruby> → ドーベルマン犬   <ruby>Daten<rt>ダーテン</rt></ruby> → データ

ただし、d が語末に置かれた場合は t の音になります。

<ruby>Lied<rt>リートゥ</rt></ruby> → ドイツ・リート   <ruby>Sand<rt>ザントゥ</rt></ruby> → 砂

f は上の歯と下唇を確実に摺り合わせてください。

▶ A13

<ruby>Feuer<rt>フォイァ</rt></ruby> → 火   <ruby>Familie<rt>ファミーリエ</rt></ruby> → ファミリー   <ruby>Foto<rt>フォート</rt></ruby> → 写真

v は通常 f と同じ音になります。（外来語は例外）

▶ A14

<ruby>Vater<rt>ファータァ</rt></ruby> → 父親   <ruby>Vogel<rt>フォーゲル</rt></ruby> → 鳥

w は「ヴ」、つまり英語の v の音に相当します。f と同じように、上の歯と下唇を摺り合わせて出します。

▶ A15

<ruby>Edelweiß<rt>エーデルヴァイス</rt></ruby> → エーデルヴァイス   <ruby>Wurst<rt>ヴァスト</rt></ruby> → ソーセージ

h はローマ字の ha、he、ho の h にあたります。

▶ A16

<ruby>Horn<rt>ホァン</rt></ruby> → ホルン   <ruby>Hut<rt>フートゥ</rt></ruby> → 帽子

j はローマ字の ya または yo の y にあたります

15

Jodel → ヨーデル　　　Jacke → ジャケット　　　　　　　　　▶ A17

　　ただし、外来語に現れるjは、ローマ字のja または jo のjの音で発音
します。
^{ジョブ}Job → ジョブ　　　^{ジョァナリストゥ}Journalist → ジャーナリスト

　　c は（ラテン・ギリシャ語系の外来語の場合）a、o、uの母音および　▶
hの前に置かれたとき、ka、ko、kuのkの音になります。　　　　　　　A18
^{カフェテリーァ}Cafeteria → カフェテリア　　^{コーラ}Cola → コーラ　　^{コーァ}Chor → コーラス

　　l の音は、舌の先端を歯茎の上の方に固定すると、この音が自然に出
ます。日本語で「ららららー♪」と素早く続けて歌うと、舌が必然的
に歯茎の近くに留まり、その感覚を味わうことができます。　　　　▶
^{タール}Tal → 谷　　　^{エンゲル}Engel → 天使　　　　　　　　　　　　　A19

　　m は ma、mi、mu、me、moのmにあたります。　　　　　　　▶
^{マイスタァ}Meister → マイスター　　^{バウム}Baum → 木　　　　　　　A20

　　n は na、ni、nu、ne、noのnにあたります（口を閉じずに、舌の先端を
口蓋につけるのが重要）。　　　　　　　　　　　　　　　　　　　▶
^{ワペン}Wappen → ワッペン　　^{ナートゥリウム}Natrium → ナトリウム　　　A21

　　q は常に後ろにuを伴います。quはローマ字のk＋英語のvを組合せ
た音になります。　　　　　　　　　　　　　　　　　　　　　　▶
^{クヴァレ}Qualle → クラゲ　　^{クヴェァ}quer → 斜めに　　^{クヴァドゥラートゥ}Quadrat → 正方形　A22

　r という文字の発音は、次の2つの出し方があります。
　1）舌の先または喉彦を振るわせる場合
　　舌の先を振るわせる場合は、ローマ字のrに近い音になります。（宣
教師ヘボン氏がローマ字を作った際、「ラ行」の文字として「r」をあて

ました。それは、ヘボン先生の耳に当時の日本語「ラ行」が確かに「r」(振動のある音) に聞こえたからです。)

　喉彦を振るわせる場合、「うがいをするときの要領」とよく言われますが、とにかく喉の奥から強く息を吐き出すと、若干ではあっても喉彦の震動を自覚できます。喉を開いた方が出やすいので、「Ratラート (忠告)」「rotロート (赤い)」の音で練習するのがよいかも知れません。

フライターク
Freitag → フライデー　　ブライトゥ
breit → 幅広い　　ブロートゥ
Brot → パン　　Ⓟ A23

　標準ドイツ語では喉彦を震わせて発音しますが、舌を震わせるrも正しい発音として認められます。rの発音の条件は、いずれの場合も「震動が伴うこと」です。

2) 母音化するケース (振動が全くない)

　rが母音の後、特に語末に置かれたときには母音化します。その場合は、軽い「ァ」の音になります。

ゼミナァ
Seminar → ゼミナール　　カァテ
Karte → カード　　フェーダァ
Feder → 羽
エァゲープニス
Ergebnis → 結果

S は母音の前に置かれた場合、ローマ字のza、zu、ze、zoのzにあたります。　Ⓟ A24

ディーゼル
Diesel → ディーゼル　　ザイル
Seil → ザイル　　ローゼ
Rose → 薔薇

Z は常にローマ字 tsu の母音uを除いたtsの音になります。　Ⓟ A25

ヴァクツィーン
Vakzin → ワクチン　　ツァイトゥ
Zeit → 時間

X は Faxのksの音になります。　Ⓟ A26

ザクソフォーン
Saxophon → サックス　　タクスィ
Taxi → タクシー
マァクス
Marx → マルクス(人名)

$\boxed{y}$ は語頭と語末以外では、常にuウーウムラウト（=ü）の音で
発音します。　　　　　　　　　　　　　　　　　　　　　　　　（▶）
　　　　　　　　　　　　　　　　　　　　　　　　　　　　　　A27

ギュムナーズィウム　　　　　　　テューピッシュ　　　　　　　フュズィク
Gymnasium → 高校　　**typisch** → 典型的　　**Physik** → 物理学

$\boxed{ß}$ は常にローマ字のsa、su、se、soのsの音になり、この文字は語頭
に置かれることはありません。　　　　　　　　　　　　　　　（▶）
　　　　　　　　　　　　　　　　　　　　　　　　　　　　　　A28
エーデルヴァイス　　　　　　　　　　　　　ハイス
Edelweiß → エーデルワイス　　**heiß** → 暑い

「ß」エスツェットは、ssで代用しても差し支えありません。また、大
文字の「ß」も、2017年以降公式に使われるようになりました。

● **注意すべきスペルの発音**

$\boxed{\text{ch}}$

　chの綴りは、母音との組合せによって、2通りに発音されます。ch
の音をカナで表すのは不可能なので、具体的な音の出し方を説明します。

1）chの前にa、o、u、auが置かれた場合。
　大笑いする時の「わっはっは！」の「は」に近い音です。喉の奥をこす
るような強い感覚を伴った「ha」ですが、あくまでも子音なので、母音
「a」を発声しないよう注意してください。　　　　　　　　　　（▶）
　　　　　　　　　　　　　　　　　　　　　　　　　　　　　　A29
バッハ　　　　　　　　　コッホ　　　　　　　　　ズーヘン
Bach → 小川　　**Koch** → コック　　**suchen** → 探す
バウホッ
Bauch → 腹

2）chの前に、1）以外の文字が置かれた場合。
　馬の鳴き声を「ヒヒーン」と表現しますが、hihînの「h」の音に相当
します。
イヒ　　　　　　　ニヒトゥ　　　　　　　　　　　ミルヒ
ich → 私　　**nicht** → 英語の_not_　　**Milch** → ミルク

$\boxed{\text{chs, cks, gs}}$
　chs、cks、gs の組合せで「ks」と発音します。Faxの語末音「ks」と

同じです。

Fuchs → フォックス（狐）　Sachsen → ザクセン（地名）

Trickster → トリックスター　Gangster → ギャングスター

A30

h

hは母音の後では、発音されず、日本語の長音記号と同じように前の母音を延ばします。

ah! → あー　Eisbahn → アイスバーン　Ohm → オーム

A31

ng, nk

n＋gの組合せはローマ字のangai（案外）の中のngの鼻音

lang → 長い　singen → 歌う

A32

n＋kの組合せはローマ字のtanken（探検）の中のnkの鼻音

tanken → 給油する　danken → 感謝する

bb…zz など子音が重複して置かれると、前にある母音はしばしば短く発音されます。

Krabbe → カニ　Affe → 猿　Tanne → もみの木

A33

dt

dtは、この組合せでtと同じ発音になります。

Stadt → 街　gewandt → 巧妙な　verwandt → 親類の

A34

ig

1）igは語末または子音の前では、"ich" と同じ発音になります。

König → 国王　saftig → ジューシー

A35

2）igの後にさらに "ich" の音が含まれている場合、「ich」の音の重複を避けて、前にあるigは「ik」と発音されます。

エーヴィクリヒ
ewiglich → 無窮に　　**königlich** → ロイヤル
ケーニクリヒ

3）igの後に母音が置かれた場合、gは直後のeやiの母音と結んでge、

giのように発音します。

Könige → 国王たち　　**Heilige** → 聖人たち　　**Königin** → 王妃
ケーニゲ　　　　　　　　　　ハイリゲ　　　　　　　　　　ケーニギン

---

sch

schは英語の"sh"と同じ発音。（たとえば英語のshipのsh）　　▶ A36

Schiff → 船　　**Schlafsack** → シュラフ　　**schön** → 美しい
シフ　　　　　　シュラーフザック　　　　　　　　　シェーン

---

sp

spで始まる語の場合、英語の「sh」の発音 + ローマ字のpa、pi、pu、

pe、poのpで発音します。　　▶ A37

Spitz → スピッツ（犬）　　**Spur** → シュプール（スキー用語として）
シュピツ　　　　　　　　　　シュプア

---

st

stで始まる語の場合、英語の「sh」の発音 ＋ ローマ字のta、te、

toのtで発音します。　　▶ A38

Stein → 石　　**Einstein** → アインシュタイン（人名）　　**Stadt** → 街
シュタイン　　　　アインシュタイン　　　　　　　　　　　　　　　シュタットゥ

---

tion

▶ A39

単語の語尾にあるtionは「ツィオーン」と発音します。

Aktion → アクション　　**Nation** → 国民　　**Revolution** → 革命
アクツィオーン　　　　　　　　ナツィオーン　　　　　　　　レヴォルツィオーン

---

tient

▶ A40

単語の語尾にあるtientは「ツィエントゥ」と発音します。

Patient → 患者　　**Intelligenzquotient** → IQ
パツィエントゥ　　　　　　　インテリゲンツクヴォーツィエントゥ

第 **2** 部

文法と練習

動詞の使い方・現在形 1（規則動詞）

Ich trinke Kaffee.

私はコーヒーを飲む。

B01

　この章では、動詞の使い方の基本を学びます。動詞の使い方はドイツ語文法全体を通して一つの要となります。しっかり身につけてください。

動詞の現在人称変化

　ドイツ語の辞書を開くと、動詞の見出し語は次のような形で載っています。gehen（歩く）、kaufen（買う）、singen（歌う）、handeln（行動する）…

　見出し語は単独で、gehen（歩く・歩くこと）、lesen（読む・読むこと）を意味しますが、これにich（私）、du（君）、wir（私たち）などの「主語」が付け加わって文になると、動詞はそれぞれの主語に連動して決まった「語尾変化」をすることになります。主語によって語尾変化が生じる現象は、英語でもわずかに見られます（*he sings*　3人称単数現在）が、しかしドイツ語ではどのような主語であっても動詞の語尾は必ず変化するのです。

　辞書に載っている動詞の見出し語は、-enまた -n の語尾で終わっています。語尾の前の部分、例えばsingen（歌う）の「sing」の部分は「語幹」と呼ばれ、その単語の「核」を作っています。

例：singen　　**sing ＋ en**

（歌う）　　**語幹 ＋ 語尾**

　主語によって動詞の「語尾」が変わること、つまり「語尾変化」のしくみを以下singenの例でみたいと思いますが、その前に、主語となる人称代名詞について一言触れておきます。ドイツ語では主語代名詞として次のようなものが使われます。私→ich、君→du、彼→er、彼女

→sie、それ→es、私たち→wir、君たち→ihr、彼ら→sie、あなた（あなた方）→Sie。これらの主語により動詞は次のように変化します。

人称（単数）	動詞の語尾変化	人称（複数）	動詞の語尾変化
ich（私）	singe	wir（私たち）	singen
du（君）	singst	ihr（君たち）	singt
er/sie/es（彼／彼女／それ）	singt	sie/*Sie*（彼ら／あなた・あなたたち）	singen

Ich singe hier. 私はここで歌います。

Er singt allein. 彼は一人で歌う。

Wir singen zusammen. 私たちは一緒に歌います。

　この表を見ると、wir（私たち）、sie（彼ら）、Sie（あなた・あなた達）などの4か所の語尾が「-en」となっています。辞書に載っている見出し語「singen」と形は同じですが、文法的には、辞書に載っている動詞の見出し語は「不定詞」、主語に応じて語尾変化した動詞は「定動詞」と区別します。「定動詞」とは、「主語によって動詞の語尾が定められた形」という意味です。

● 辞書に載っている動詞の見出し語　＝　不定詞
● 主語によって語尾変化した動詞　＝　定動詞

　主語のdu、ihr、Sie はいずれも話し相手（2人称・英語の*you*に相当）を指します。表では便宜上「君」「君たち」「あなた」「あなた方」と訳し分けていますが、この日本語と必ずしもぴったり重なるわけではありません。使い分けは話す相手との「親密度」で決まります。大雑把に言えば日本語で「です・ます」口調で話す相手にはSieを使い、親しい間柄ではdu、ihr を使います。この区別は厳密なものではないため、重なり

合う領域も存在し、人によって差が生じます。なお、敬称の２人称と呼ばれるこのSie「あなた・あなたたち」は元々３人称複数のsie（彼ら）から転用された形で、現在人称変化はsie（彼ら）と全く同じです、ただし書くときは「Sie」とSを大文字で書きます。

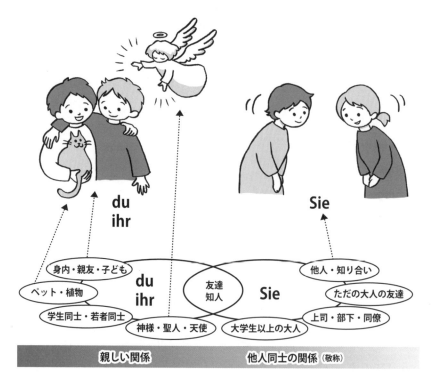

du
ihr

Sie

身内・親友・子ども

du
ihr

ペット・植物

友達
知人

Sie

他人・知り合い

ただの大人の友達

学生同士・若者同士

神様・聖人・天使

大学生以上の大人

上司・部下・同僚

| 親しい関係 | 他人同士の関係 (敬称) |

　du、er、ihrの人称変化では、発音をなめらかにするため、以下のように「e」の音を補う場合があります。語幹が「-d」「-t」「-gn」「-chn」などで終わる場合。

reden（しゃべる）：du redest、er redet、ihr redet

arbeiten（働く）：du arbeitest、er arbeitet、ihr arbeitet

regnen（雨が降る）：es regnet（regnenは常に主語としてesを必要とする非人称動詞）

rechnen（計算する）：du rechnest、er rechnet、ihr rechnet

現在形の使い方

　ドイツ語は英語に比べ、現在形の使われる範囲が広いのが特徴です。英語で現在形は「真理・習慣・状態」を表し、現在行われている動作は、現在進行形（*be*動詞 + *-ing*）で表現します。一方、ドイツ語の現在形は、「英語の現在形・現在進行形・未来形」の使用範囲をカバーでき、「明日〜する」「来週〜する」のように未来に関する事柄も、「明日（morgen）」「来週（nächste Woche）」などという語句と一緒に現在形で述べるのが普通です。ごく簡単にまとめると、話し言葉では「**過去に終わった出来事**」以外は全て現在形で表します。

a）真理・習慣の例：

Japan liegt in Asien. （日本はアジアにあります。）

【s Japan 日本、liegen ある、s Asien アジア】

Er raucht **ständig.** （彼は絶え間なくたばこを吸う。）

【rauchen 喫煙する、ständig 絶えず】

b）現在進行形の例：

Sie duscht **gerade.** （彼女は今シャワーを浴びています。）

【duschen シャワーを浴びる、gerade たった今】

c）未来の例：

Morgen mache **ich das.** （明日私はそれをします。）

【morgen 明日、machen する、das それ】

d）過去から現在に続いている事柄：

Es regnet **seit gestern.** （昨日から雨が降っています。）

【regnen 雨が降る（主語は常に es）、seit gestern 昨日から】

(▶) B02

練習問題

▶
練習 1a trinken（飲む）が主語に合った形になるよう（　）内に適切な
トゥリンケン
語尾を書き込んでみましょう。

（**1**）Ich trink（　）Tee.

　　　私はお茶を飲みます。【Tee お茶】

（**2**）Du trink（　）Wasser.

　　　君は水を飲む。【Wasser 水】

（**3**）Sie trink（　）Milch.

　　　彼女はミルクを飲む。【Milch ミルク】

（**4**）Sie trink（　）nichts.

　　　彼らは何も飲まない。【nichts ＝ 英語 *nothing*】

▶
練習 1b 動詞 singen（歌を歌う）を、主語に合った形に人称変化させ
ズィンゲン
（　　）内に書き込んでみましょう。

（**1**）Du（　　　　　）oft.

　　　君はしょっちゅう歌っている。【oft ＝ 英語 *often*】

（**2**）Er（　　　　　）gut.

　　　彼は歌がうまい。【gut うまく】

（**3**）Sie（　　　　　）viel.

　　　彼女は歌をたくさん歌います。【viel たくさん】

（**4**）Sie（　　　　　）zusammen.

　　　彼らは一緒に歌います。【zusammen 一緒に】

▶

練習 1c schreiben（書く）を使い、和文に相当するドイツ語になるよう
（　）内を埋めてみましょう。

（1）（　　　　　）schreib（　）viel.

私はたくさん（手紙を）書きます。

（2）（　　　　　）schreib（　）schlecht.

彼は字が下手です。【schlecht 下手に】

（3）（　　　　　）schreib（　）schön.

彼女は字が綺麗です。【schön 美しく】

（4）（　　　　　）schreib（　）morgen.

私たちは明日手紙を書きます。【morgen 明日】

▶

練習 1d kommen（来る）を使い、和文に相当するドイツ語になるよう
（　）内を埋めてみましょう。

（1）（　）（　　　　　）gleich.

私はすぐに来ます。【gleich すぐに】

（2）（　）（　　　　　）nicht.

君は来ない。【nicht ～でない＝英語 not 否定詞　使い方は後に詳しく】

（3）（　）（　　　　　）morgen.

彼は明日来ます。【morgen 明日】

（4）（　）（　　　　　）bald.

彼女はまもなく来ます。【bald まもなく】

▶

練習 1e 次の和文をドイツ語にしてみましょう。

（1）私はお茶を飲みます。【お茶 Tee】

（2）君はドイツ語を勉強しています。【勉強する lernen、ドイツ語 Deutsch】

_____

（3）彼はとても上手に料理する。

　　【料理する kochen、とてもうまく fantastisch】

_____

（4）私たちはここに留まります。【留まる bleiben、ここに hier】

_____

┌───┐
│ **動詞 ＋ gern ＝ 〜するのが好き**   │
│   │
│ **Ich schwimme** gern.　　私は泳ぐのが好きです。   │
│   │
│ **Ich trinke** gern **Kaffee.**　　私はコーヒーを飲むのが好きです。 │
└───┘

（▶）

練習 1f　空欄を埋めて、和文にふさわしいドイツ語にしてみましょう。

（1）Ich koche（　　　　）.

　　私は料理するのが好きです。【kochen 料理する】

（2）Sie（　　　　　）（　　　　　）Deutsch.

　　彼女はドイツ語を勉強するのが好きです。【lernen 学ぶ、Deutsch ドイツ語】

（3）Er（　　　　）（　　　　）.

　　彼は工作するのが好きです。【basteln 工作をする】

（4）（　　）（　　　　　）（　　　　　）Wein.

　　私たちはワインを飲むのが好きです。【Wein ワイン】

2

疑問文の作り方

Trinkst du Apfelsaft?

リンゴジュースを飲みますか？

B03

疑問文は単純な疑問文と疑問詞付きの疑問文の 2 つがあります。

単純な疑問文

「ja/nein（*yes/no*）」で答えられる疑問文を作るには、定動詞を文頭に置きます。

| 平叙文 | → | 疑問文 |

Du trinkst Kaffee. → **Trinkst du Kaffee?**

（君はコーヒーを飲みます）　　（コーヒーを飲みますか？）

このような「ja/nein」で答えられる疑問文を「**決定疑問文**」と呼びます。「ja」か「nein」の決定を求める疑問文だからです。

疑問詞付きの疑問文

疑問詞付きの疑問文を作るには、疑問詞を文頭、定動詞を 2 番目、その後にその他の要素を置きます。

疑問詞	定動詞	それ以外の要素？

（was 何が／何を）

Was　trinkst　du heute?　　君は今日何を飲みますか？

このような疑問詞で答えを求める疑問文を「**補足疑問文**」と言います。これは、質問することで情報を補足してもらうことを求めているからです（「何を？」「いつ？」「どこで？」など）。

練習問題

▶

練習 2a　次の文を疑問文にしてみましょう。

（1）Du singst oft. 君はよく歌を歌っている。【oft しばしば】

→ _____

（2）Sie singt viel. 彼女はよく歌を歌います。【viel たくさん】

→ _____

（3）Ihr singt so selten. 君たちは滅多に歌わない。【so かなり、selten 稀にしか】

→ _____

（4）Sie singen zusammen. 彼らは一緒に歌っています。【zusammen 一緒に】

→ _____

▶

練習 2b　次の文を疑問文にしてみましょう。

（1）Du bleibst hier. 君はここに留まる。【bleiben 留まる、hier ここに】

→ _____

（2）Sie bleibt lange. 彼女は長いこと滞在しています。【lange 長い間】

→ _____

（3）Wir bleiben alle hier. 私たちは全員ここに留まります。【alle 全員】

→ _____

（4）Ihr bleibt noch. 君たちはまだいるのか。【noch まだなお】

→ _____

練習 2c 　空欄を埋めて和文に相当するドイツ語にしてみましょう。

（**1**）Kommst（　　）gleich? – Ja, ich（　　　　）gleich.

　　　君はすぐ来る？ – はい、すぐに来ます。【gleich すぐに】

（**2**）Wohnt（　　　）dort? – Nein,（　　　）（　　　　　）nicht dort.

　　　彼女はあそこに住んでいるの？ – いえ、彼女はあそこには住んでいません。

　　　【nicht = 英語 *not*、dort あそこに】

（**3**）Machen（　　　）das? – （　　），wir（　　　　　）das.

　　　私たちがそれをやろうか？ – はい、私たちがやりましょう。

（**4**）Schickt（　　）das?（　　），wir（　　　　）das.

　　　君たちはそれを送るの？ – はい、送ります。【schicken 送る】

練習 2d 　動詞 kaufen（買う）を使って、和文に相当するドイツ語になる
　　　　よう空欄を埋めてみましょう。

（**1**）私はもう少し買います。– 君は何を買う？

　　　Ich（　　　　　）noch etwas. - Was（　　　　）du?

　　　【noch まだ、etwas 何か少し、was 何を】

（**2**）彼女はいつもどこで買い物するの？ – いつもあそこで買います。

　　　Wo（　　　　　）sie immer? - Sie（　　　　）immer dort.

　　　【wo どこで、immer いつも、dort あそこで】

（**3**）君たちはいつもどこで買うの？ – いつもネットで買うよ。

　　　（　　）（　　　　　）ihr immer? - （　　　）（　　　　　）immer

　　　online.【immer いつも、online オンラインで】

（**4**）あの人たちはいつそれを買うの？ – 明日買うかもしれません。

　　　Wann（　　　　　）sie das? - Sie（　　　　）das vielleicht morgen.

　　　【vielleicht もしかすると】

練習 2e 動詞 machen（マヘン）（〜をする、作る）を使って、和文に相当するドイツ語になるよう空欄を埋めてみましょう。

（1）君それをやってくれる？ － いいですよ、私がやります。

（　　　　　）du das? – Gut, ich（　　　　　）das.【gut いいですよ】

（2）彼は何をしているの？ － 彼は何もしていません。

（　　）macht er? – （　　）（　　　　　）nichts.【nichts ＝ 英語 *nothing*】

（3）私たち何する？ － そうだなぁ、何しようか？

（　　）（　　　　　）（　　　）? – Tja, was machen（　　　）?【tja そうだね】

（4）君たち何しているの？ － 演奏してるんだ。

（　　）（　　　　）（　　　）? – （　　　）machen Musik.【Musik 音楽：Musik machen で音楽を演奏する】

練習 2f 和文に相当するドイツ語になるよう、空欄を埋めてみましょう。

（1）（　　　　　）ich Tee oder Kaffee?

私はお茶を飲もうかな、それともコーヒーを飲もうかな？【Tee お茶、Kaffee コーヒー、oder あるいは ＝ 英語 *or*】

（2）（　　　　　）（　　）gern? – Ja, （　　）malt gern.

彼は絵を描くのが好きですか？ － はい、好きです。【malen 絵を描く】

（3）（　　　　　）（　　）hier? – Nein, （　　）bleiben nicht hier!

私たちはここに留まるの？ － いいえ、ここには留まりません。【bleiben 留まる】

（4）（　　　　）sie etwas? – （　　　）, sie（　　　　）nichts.

彼らは何か買うのですか？ － いいえ、彼らは何も買いません。【etwas 何か】

名詞の性と格・定冠詞と不定冠詞

der Weltraum, die Milchstraße, das Sternbild
宇宙、銀河、星座

▶ B04

名詞の性

　ドイツ語の名詞には文法上の性があります。

　名詞に文法上の性別があるのはヨーロッパの言語では少なくありません。この性別はあくまでも文法上のものですが、自然の性と一致する場合もあります（雌雄のはっきりした人間・生物など）。

例：男性名詞：　**Mann**（男性）、**Onkel**（おじ）、**Sohn**（息子）、**Gott**（神）

　　女性名詞：　**Frau**（女性）、**Tante**（おば）、**Tochter**（娘）、**Göttin**（女神）

　ただし、多くの場合は無関係と言えます。

例：**Garten**（庭・男性）、**Lampe**（灯り・女性）、**Tee**（お茶・男性）

　ドイツ語では男性名詞、女性名詞に加えて中性名詞があるので、全ての名詞が男性・女性・中性の３つのグループに分けられることになります。これには、CDやDVDのような名詞の略語も含まれます。

　名詞の「性」は、定冠詞（英語の「*the*」）または不定冠詞（英語の「*a*」）で示されます。男性名詞は「der/ein」、女性名詞は「die/eine」、中性名詞は「das/ein」（全て前者が定冠詞、後者が不定冠詞）となります。

男性名詞：**der Vogel、ein Vogel**（鳥）　**der Ton、ein Ton**（音）　**der Pkw、ein Pkw**（乗用車）

女性名詞：**die Wolke、eine Wolke**（雲）　**die Maus、eine Maus**（ネズミ）　**die AG、eine AG**（株式会社）

中性名詞：**das Kind、ein Kind**（子ども）　**das Haus、ein Haus**（家）　**das A、ein A**（Aの文字）

今後、この本では名詞の性は以下のように表示します。**男性名詞 → r**（r Mann 男）、**女性名詞 → e**（e Frau 女）、**中性名詞 → s**（s Kind 子ども）、**複数 → d**（d Ferien 休暇）※複数形については８章。

名詞の性の覚え方

　文法上の性は冠詞の違いで示されるので、名詞を覚える際に冠詞も単語の一部とみなして一緒に覚えてしまうのが早道です。例えば「机は男性名詞で Tisch」と覚えるのではなく、「机は der Tisch」と覚えるわけです。同様に、「時計は die Uhr」「本は das Buch」と覚えます。合理的な関連が見えない場合が多いので、考えてわかるものではなく、いわば九九のように口調で覚えてしまおうということです。繰り返し書いたり、音読するのは効果がありますが、さらに各名詞を主語とする単文で記憶すると、語の使い方も覚えられるのでお薦めです。

名詞の格

　主格、目的格などの言葉を耳にすることは多いとは思いますが、この「格」という概念をきちんと理解しておくことはドイツ語の学習において重要です。「格」とは、ごく簡単に言うと、名詞が他の語との関係で演じる役割のことです。例えば「主格」とは文の中で主語の役割を果たしている名詞の「格」ということになり、所有格はその名前の通り所有・所属（例えば「誰の？」に対する答え）、間接目的格は文字通り間接的に影響をうける対象（「誰に？」）、直接目的格は動作の目的（対象）となるもの（「誰を？」「何を？」）を表します。この格の違いも冠詞の形で示されます。例えば男性名詞の場合であれば、定冠詞は格の変化に応じて次にように変化します。

主格 → der　所有格 → des　間接目的格 → dem　直接目的格 → den

　（冠詞の具体的な変化については、詳しくはこの後 p.39、p.44 で紹介します）

今は、大まかなイメージを掴むために、男性名詞を使った文例で見て
みましょう。

主格　　　　Der Hund bellt.（犬が吠える。）【r Hund 犬、bellen 吠える】 ▶

所有格　　　Das ist der Vorbote des Taifuns.（これが台風の前兆です。）

　　　　　　【das これ、ist＝英語 *is*、r Vorbote 前触れ、r Taifun 台風】

間接目的格　Er dankt dem Redner.（彼はその講演者に感謝します。）

　　　　　　【danken 感謝する、r Redner 講演者】

直接目的格　Er holt den Wein.（彼はワインを取りに行きます。）

　　　　　　【holen 取ってくる、r Wein ワイン】

　この４つの格、「主格」「所有格」「間接目的格」「直接目的格」をドイ
ツ語では伝統的にそれぞれ１格、２格、３格、４格と呼び慣わしています。

　１格：基本的に主語となる格（使い方は日本語の「～が」の使い方に近い）

　２格：基本的に帰属・所有を表す格（日本語の「～の」の使い方に近い）

　３格：間接目的格に相当。間接的に影響・利害の及ぶ対象を表す格。

　　　　（「～に」の使い方に近い）

　４格：直接目的格に相当。直接的に影響・利害の及ぶ対象を表す格。

　　　　（「～を」の使い方に近い）

　簡単にまとめると以下のようになります。

ドイツ語では	英語では	役割
１格	主格	主語となる
２格	所有格	帰属・所有を表す
３格	間接目的格	動詞の間接的な影響・利害が及ぶ
４格	直接目的格	動詞の直接的な影響・利害が及ぶ

なぜ「主格」じゃなくて「1格」？

　名詞の格は他の語（例えば動詞や前置詞など）との関係で決まりますが、その際「主格」が必ずしも主語を、あるいは「所有格」が必ずしも所有を表さないこともあるので、誤解や混乱を避けるためドイツ語では1格、2格のような数字による表記をしているのだと思ってください（一例として「前置詞」の章参照 p.80）。

　格としては1格と4格が頻繁に使われ、3格も前置詞との絡みで多く使われますが、2格は現在では使用される場がかなり限定的になっています。

定冠詞と不定冠詞

　ここで定冠詞と不定冠詞の違いについて確認しておきます。英語では「*the*」と「*a/an*」の違いとして認識されますが、定冠詞が話し手と聞き手（読み手）にとって特定できる対象を指すのに対し、不定冠詞は不特定なある任意の一つを指します。別の言い方をすれば、定冠詞は既知の対象につけ、不定冠詞は未知の対象につけます。冠詞は日本語に存在しないので日本語話者にとっては馴染みにくい概念です。ドイツ語の場合、名詞が特定（既知）の対象なのか（例えば「例の事柄」）、それとも任意（未知）の対象なのか（例えば「ある事柄」）、形の上ではっきりと表そうとします。その機能を担うのが冠詞です。このような言語ごとのこだわりはいろいろなところで顔を出します。ドイツ語と日本語を比べても、例えば「いる」と「ある」の違いはドイツ語には存在しません（人間もモノも英語の *be* 動詞にあたる sein で表します）。このような相違は文化的背景の一つとして受け容れるしかありません。定冠詞と不定冠詞の対照比較は、以下の例文を参考にしてください。話の中で未知の対象が既知の対象になる様子がおわかりいただけると思います。

⇨ **Steht hier** eine Hütte? – Ja, die Hütte **dort drüben.**

B05

ここに山小屋はありますか。ええ、山小屋はあそこです。

【hier ここに、stehen 立っている、e Hütte 山小屋、dort drüben あっちの】

⇨ **Brauchen wir** ein Passwort? – Ja, das Passwort **hier.**

パスワードが必要かな？うん、ここにあるパスワード。【brauchen = 必要とする】

⇨ **Ich suche** einen Schirm. **Ich nehme** den Schirm hier.

（お店で）傘を探しているんですけど。ここにある傘にします。

【suchen 探す　r Schirm 傘】

⇨ **Nehmen Sie auch** einen Espresso? – Nein, ich nehme den Cappuccino.

あなたもエスプレッソにしますか。いや、私はこのカプチーノにします。

【nehmen 注文する】

日本語とドイツ語の格の不一致

　格の基本的な意味のところでも説明したように、ドイツ語の1格、2格、3格、4格はおおよそ、日本語の格助詞「〜が」「〜の」「〜に」「〜を」に相当しますが、ピッタリ重なるわけではありません。この点で、幾つかのよく使われる動詞では格の選び方に注意が必要です。

　fragen「〜に質問する」、bitten「〜にお願いする」、treffen「〜に会う」は日本語で「〜に」という格助詞を取りますが、ドイツ語ではそれぞれ4格の目的語を取ります：Ich frage den Chef. （私は上司に質問します）Wir bitten den Mitarbeiter. （私たちは同僚にお願いします）Ich treffe den Verleger. （私は出版社の人に会います）。

　一方、helfen「〜を手伝う」、gefallen「〜の気に入る」、gehören「〜のものである」といった動詞は3格の目的語を要求するため、日本語とはズレが生じます：Ich helfe dem Kind. （私は子どもを手伝う）Die Bilder gefallen dem Zuschauer. （その絵は観衆の気に入った）Das Buch gehört dem Schüler. （その本はその生徒のものだ）。

このようにドイツ語と日本語では格の感覚に時々ズレが生じるため、目的語の格について、辞書などでは次のようなやり方で情報を伝えています。目的語が人間・擬人化された対象の場合、2格はjemand（＝英語 *someone*）の2格形js（jemandes＝誰々の）または「人^2」で、3格はjm（jemandem＝誰々に）または「人^3」、4格はjn（jemanden＝誰々を）または「人^4」で表します。すなわち、jn fragen「人^{4}に質問をする」、jn bitten「人^{4}にお願いする」、jn treffen「人^{4}に出会う」、jm helfen「人^{3}を手伝う」、jm gefallen「人^{3}の気に入る」、jm gehören「人^{3}のものである」という具合です。時に生ずるこのようなズレは覚えるしかありません。

　目的語が物・コトである場合は、etwas（何かある物＝英語 *something*）の略号であるetを使って表します。et^{2}または「物^2」、et^{3}または「物^3」、et^{4}または「物^4」。具体例としては、et^3 entkommen「物^{3}から逃れる」、et^3 dienen「物^{3}に役立つ」、et^4 erreichen「物^{4}に手が届く」、et^4 bezahlen「物^{4}の代金を支払う」などが挙げられます。

　「ワンワン」や「シュッシュ」など、さまざまな声や音の描写に使われる擬声語・擬音語ですが、ドイツ語にもたくさんあります：Kikeriki!（コケコッコー）、Wau-wau!（ワンワン）、Miau!（ニャー）、Hatschi!（ハクション！）、ticktack（チクタク）などがそれです。

　ドイツ語で特徴的なのは、これらの「音」が動詞表現としても存在していることです：summen（蜂などがブンブン飛ぶ）、miauen（ニャーニャー鳴く）、knipsen（バチリと写真を撮る）、klirren（ガラスがカチャカチャと音を立てる）、quietschen（ブレーキなどがキーキーと軋む）。また漫画などでは、このような動詞から-(e)nを取り、画面の中で音として使ったりします：grunzen（豚などがブーブー鳴く）→grunz-grunz!（ブーブー）、klopfen（ドアをノックする）→klopf, klopf（トントン）、ächzen（呻く）→ächz!（ううう）。漫画でさらに興味深い現象としては、動詞の語尾を取って、擬態語のように使っていることです：radieren（消しゴムで消す）→radier（ケシケシ）、pieksen（チクリと刺す）→pieks（チクッ）、hoppeln（ウサギなどが跳ねる）→hoppel-hoppel（ピョンピョン）。

名詞の使い方 1・定冠詞の格変化

Das Wetter heute ist schön.
今日は天気がいい。

B06

1) ドイツ語の名詞には男性・女性・中性の区別があり、男性・女性・中性は冠詞の違いで区別される。

2) 名詞が文中で果たす役割は「格」によって示される。ドイツ語には4つの「格」があり、冠詞の形で区別される。

この章では定冠詞が格に応じてどのように変化するかを学びます。

定冠詞の格変化

定冠詞の格による変化が具体的にどのような現れ方をするのか、それを示したのが以下の表です。

	男性名詞	女性名詞	中性名詞	複数形
1 格（主格）	der Opa	die Tante	das Auto	die Vögel
2 格（所有格）	des Opas	der Tante	des Autos	der Vögel
3 格（間接目的格）	dem Opa	der Tante	dem Auto	den Vögeln
4 格（直接目的格）	den Opa	die Tante	das Auto	die Vögel

r Opa おじいちゃん、e Tante おば、s Auto 自動車、d Vögel 小鳥たち

複数形では名詞の性別は文法上消失します。したがって複数形の定冠詞は全て共通です（複数形の作り方に関しては、この後8章で学びます）。

男性と中性の2格では、名詞の語尾に -s または -es がつけられます。一

般に名詞の語尾が-s、-ßで終わるものは、-esを（例：Hauses 家、Fußes
足など）、-d、-tで終わるものには-sまたは-esを（例：Licht(e)s 灯、
Hund(e)s 犬など）つけます。

　定冠詞の変化を冠詞の変化のみに注目して整理すると以下のようにな
ります。

	男性名詞	女性名詞	中性名詞	複数形
1格	der	die	das	die
2格	des + (e)s	der	des + (e)s	der
3格	dem	der	dem	den
4格	den	die	das	die

　本書では名詞の性を男性「r」、女性「e」、中性「s」で示すことにしま
したが、さらに複数名詞については「d」で示すことにします（d Leute
「人々」）。

　名詞につけられる語尾「-in」により、肩書きや職名の男性名詞を女性名
詞に変えることができます。これは、ときに国籍を表す言葉でも使われま
す。「-in」をつけると、しばしばウムラウトを起こします。例 der König
（王）→ die Königin （女王）、der Bürgermeister （市長）→ die Bürgermeisterin
（市長）、der Kellner （ウェイター）→ die Kellnerin （ウェイトレス）、der Arzt
（医師）→ die Ärztin （医師）、der Franzose （フランス人男性）→ die Französin
（フランス人女性）、der Japaner （日本人男性）→ die Japanerin （日本人女性）。
ただし、der Deutsche （ドイツ人男性）→ die Deutsche （ドイツ人女性）。
　男女混合のグループには、伝統的には男性の複数形が使われていまし
た。あるいは両方のフォームを隣り合わせにします。ただし、最近では、
男性形を基準とすることに疑問の声もあります。

練習問題

▶

練習 4a 和文を参考にして（　）内に適切な定冠詞を入れてみましょう（全て1格）。

(1)（　　　）Sonne scheint.

太陽が輝く。【e Sonne 太陽、scheinen 輝く】

(2)（　　　）Wetter heute ist schön.

今日の天気はすばらしい。【s Wetter 天気、heute 今日、schön すばらしい】

(3)（　　　）Wagen ist neu.

その車は新しい。【r Wagen 車、neu 新しい】

(4)（　　　）Kinder spielen zusammen.

子どもたちは一緒に遊ぶ。【d Kinder ＜ s Kind 子どもの複数形、spielen 遊ぶ、zusammen 一緒に】

▶

練習 4b 和文を参考にして（　）内に適切な定冠詞を入れてみましょう（全て4格）。

(1) Ich nehme（　　　）Wagen.

私はその車を買います。【r Wagen 車、nehmen 買う】

(2) Die Ärztin näht（　　　）Wunde.

その医師は傷口を縫います。【e Ärztin 医師、nähen 縫う、e Wunde 傷口】

(3) Er beobachtet（　　　）Sterne.

彼は星を観測している。【beobachten 観察する、d Sterne ＜ r Stern 星】

(4) Ich mache heute（　　　）Abendessen.

私は今日夕食を作る。【heute 今日、s Abendessen 夕食】

練習 4c 和文を参考にして（　）内に適切な定冠詞を入れてみましょう（全て3格）。

（1）Das passt（　　　）Chef wahrscheinlich gar nicht.

それはおそらくボスの気に入らない。【das それ、jm passen 人³の気に添う、r Chef ボス、wahrscheinlich たぶん、gar nicht 全く〜でない】

（2）Es widerspricht（　　　）Zeitgeist.

それは現代の思潮に反します。【widersprechen 相容れない、r Zeitgeist 時代精神】

（3）Das gehört（　　　）Stadt.

それは町の所有物です。【jm gehören 人³に属する、e Stadt 町】

（4）Wir gratulieren（　　　）Geburtstagskind.

私たちは誕生日を迎えた人にお祝いを言います。
【jm gratulieren 人³にお祝いを言う、s Geburtstagskind 誕生日を迎えた人】

練習 4d 和文を参考にして（　）内に適切な定冠詞を入れてみましょう（3格と4格）。

（1）Er bringt（　　　）Gast（　　　）Rechnung.

彼は客に勘定書きを持ってくる。【bringen 持ってくる、r Gast 客、e Rechnung 勘定書き】

（2）Sie erklärt（　　　）Schüler（　　　）Grammatik.

彼女は生徒に文法を説明する。【erklären 説明する、r Schüler 生徒、e Grammatik 文法】

（3）Oma schenkt（　　　）Enkelin（　　　）Perlenkette.

おばあちゃんは孫娘に真珠の首飾りを贈る。【e Oma おばあちゃん、schenken 贈る、e Enkelin 孫娘、e Perlenkette 真珠の首飾り】

（4）Sie schicken（　　　）Käufer（　　　）Ware per Post.

彼らは買い手に商品を郵便で送る。【schicken 送る、r Käufer 買い手、e Ware 商品、per Post 郵便で】

練習 4e 和文を参考にして（　　）内に適切な定冠詞を入れてみましょう。

（1）（　　　　）Wanderer genießt（　　　　）Schönheit（　　　　）Natur.

ハイカーは自然の美しさを楽しんでいる。【r Wanderer ハイカー、genießen 楽しむ、e Schönheit 美、e Natur 自然】

（2）（　　　　）Spur（　　　　）Taifuns ist deutlich erkennbar.

台風の通った跡は明らかに見て取れます。【e Spur 痕跡、r Taifun 台風、deutlich 明確に、erkennbar 認識可能な】

（3）（　　　　）Grad（　　　　）Umweltverschmutzung ist erheblich.

環境汚染の程度は非常に高い。【r Grad 程度、e Umweltverschmutzung 環境汚染、erheblich 著しい】

（4）（　　　　）Regeln（　　　　）Grammatik sind ziemlich kompliziert.

文法の諸規則はかなり煩雑です。【d Regeln ＜ e Regel 規則、e Grammatic 文法、ziemlich かなり、kompliziert 複雑な】

5

名詞の使い方 2・不定冠詞の格変化

Da sitzt ein Vogel.

あそこに小鳥が一羽とまっている。

▶
B07

4 章で定冠詞の格変化を学びました。この章では、不定冠詞の格変化を学びます。

不定冠詞の格変化

定冠詞が特定の対象（この・その・あの・例の何々）を指すのに対し、不定冠詞は不特定なある任意の対象（一つの・ある・一種の）を指します（3章『名詞の性と格・定冠詞と不定冠詞』参照）。

以下が、不定冠詞の変化表となります。

	男性名詞	女性名詞	中性名詞
1 格（主格）	ein　　Baum	eine　Blume	ein　　Dorf
2 格（所有格）	eines　Baum(e)s	einer Blume	eines　Dorf(e)s
3 格（間接目的格）	einem Baum	einer Blume	einem Dorf
4 格（直接目的格）	einen　Baum	eine　Blume	ein　　Dorf

r Baum 木、e Blume 花、s Dorf 村

語尾の変化に注目すると、全く同じではありませんが、定冠詞の格変化とよく似ていることがわかります。定冠詞との相違点で気をつけたいのは、**男性 1 格、中性 1 格・4 格で「ein」と語尾のない形を取っている**ことです。不定冠詞はもともと「任意の一つ」を意味するので、複数形

はありえません（任意の複数は「冠詞なしの複数形」で表します）。男性と中性の2格では名詞の語尾に、定冠詞の時と同じように -(e)s がつけられている点に注意してください*。

*-es をつけるルールは同じです：名詞の語尾が -s、-ß で終わるものには -es を（例 Hauses 家、Rußes スス など）、語尾が -d、-t で終わるものには -s または -es を（例 Licht(e)s 灯、Hund(e)s 犬 など）つけます。

冠詞の変化のみに注目して整理すると以下のようになります。

	男性名詞	女性名詞	中性名詞	複数形
1格	ein	eine	ein	—
2格	eines + 語尾(e)s	einer	eines + 語尾(e)s	—
3格	einem	einer	einem	—
4格	einen	eine	ein	—

練習問題

練習 5a 和文を参考にして、（　）内にふさわしい不定冠詞（1格）を入れてみましょう。

(1) Da sitzt（　　　）Vogel.

そこに小鳥が一羽とまっている。【sitzen 座っている、r Vogel 小鳥】

(2)（　　　）Glocke läutet.

鐘が鳴っている。【e Glocke 鐘、läuten 鳴り響く】

(3)（　　　）Telefon klingelt.

どこかの電話が鳴っている。【s Telefon 電話、klingeln ベルが鳴る】

(4) Das ist（　　　）Druckfehler.

それはミスプリントです。【r Druckfehler ミスプリント】

練習 5b 和文を参考にして、（　）内にふさわしい不定冠詞（4格）を入れてみましょう。

(1) Ich nehme（　　　　）Rotwein.

私は赤ワインにします。【nehmen 取る・注文する、r Rotwein 赤ワイン】

(2) Hast du（　　　　）Hobby?

君、趣味はあるの？【s Hobby 趣味】

(3) Ich brauche（　　　）Pause.

私は一休みが必要です。【brauchen 必要である、e Pause 一休み】

(4) Er sucht（　　　）Job.

彼はバイトを探しています。【suchen 探す、r Job アルバイト】

練習 5c 和文を参考にして、（　　　）内にふさわしい不定冠詞（3格）を入れてみましょう。

（**1**）Das Tier ähnelt（　　　　　）Fuchs.

その動物は狐に似ている。【s Tier 動物、ähneln 似ている、r Fuchs 狐】

（**2**）Hier begegnet man oft（　　　　　）Geist.

ここではよく幽霊に出会う。【begegnen ～に出会う、oft しばしば、r Geist 幽霊】

（**3**）Der Hund folgt（　　　　　）Spur.

犬は足跡を辿る。【r Hund 犬、et³ folgen 物³を追う、e Spur 跡】

（**4**）Der Fremdenführer zeigt（　　　　　　）Reisegruppe die Stadt.

ガイドは旅の一団に街を案内します。【r Fremdenführer ガイド、zeigen 見せる、e Reisegruppe 団体旅行の一団、e Stadt 街】

▶

練習 5d 和文を参考にして、（　　　）内にふさわしい不定冠詞（3格・4格）を入れてみましょう。

（**1**）Sie leiht（　　　　　）Kollegin（　　　　　）Notenblatt.

彼女は1人の同僚にある楽譜を貸します。【leihen 貸す、e Kollegin 同僚、s Notenblatt 楽譜】

（**2**）Wir schicken（　　　　）Freund（　　　　　）Weihnachtspäckchen.

私たちはある友人に一つのクリスマスプレゼントを送ります。【schicken 送る、r Freund 友人、s Weihnachtspäckchen クリスマスの贈り物】

（**3**）Man verbietet（　　　　）Mieter（　　　　　）Haustier.

借り主にはペットを禁止しています。【man（一般人称としての）人、verbieten 禁止する、r Mieter 借り主、s Haustier ペット】

（**4**）Er zeigt（　　　　）Kind（　　　　　）Buch.

彼はある子どもに1冊の本を見せる。【zeigen 見せる、s Kind 子ども、s Buch 本】

▶

練習 5e 和文を参考にして、（　）内にふさわしい不定冠詞（2格）を
入れてみましょう。

（1）Er ist der Sohn（　　　　　）Künstlers.

　　彼はある芸術家の息子です。【r Sohn 息子、r Künstler 芸術家】

（2）Das ist das Ergebnis（　　　　　）Katastrophe.

　　これはある大災害の結果です。【s Ergebnis 結果、e Katastrophe 大惨事】

（3）Das sind die Nachwirkungen（　　　　　）Revolution.

　　これは革命の余波です。【d Nachwirkungen ＜ e Nachwirkung 余波、e Revolution 革命】

（4）Die Ideen（　　　　　）Genies sind nicht immer genial.

　　天才のアイディアが卓越しているとは限らない。【d Ideen ＜ e Idee 着想、s Genie 天才、nicht immer 必ずしも〜ではない、genial 天才的な・飛び抜けた】

動詞 sein・haben・werden の使い方

Ich bin glücklich.

私はしあわせです。

B08

　まず、英語の *be* 動詞と *have* 動詞に相当する sein と haben を学びます。使用頻度の高い動詞ですから、しっかり身につけましょう。

動詞 sein （ザイン）の現在人称変化

　英語の *be* 動詞にあたる sein の現在人称変化は以下の通りです。ドイツ語の全動詞中でもっとも不規則な変化をします。

不定詞 sein			
（主語の）人称（単数）		（主語の）人称（複数）	
ich 私	bin	wir 私たち	sind
du 君	bist	ihr 君たち	seid
er/sie/es 彼/彼女/それ	ist	sie/*Sie* 彼ら/それら/*あなた（たち）*	sind

Ich bin froh. 私はうれしい。【froh うれしい】

Sie ist nett. 彼女はいい人。【nett やさしい】

Ihr seid da. 君たちもいるね。【da そこに】

動詞 haben （ハーベン）の現在人称変化

　英語の *have* に相当する haben は du と er/sie/es の箇所でちょっと特殊な変化をします。

第1部　ドイツ語の文字と発音

第2部　文法と練習

第3部　付録

不定詞 haben			
(主語の) 人称 (単数)		(主語の) 人称 (複数)	
ich 私	habe	wir 私たち	haben
du 君	hast	ihr 君たち	habt
er/sie/es 彼/彼女/それ	hat	sie/*Sie* 彼ら/それら/*あなた(たち)*	haben

Ich habe **Zeit.** 私は時間があります。【e Zeit 時間】

Du hast **Fieber.** 君は熱がある。【s Fieber 熱】

Sie haben **Ferien.** 彼らは休暇中です。

【d Ferien 休暇 (フェーリエンと読みます。このように外来語ではieを「イエ」と読む場合が

あります。同じようにe Familie ファミーリエ 家族。)】

動詞 werden の現在人称変化

ヴェァデン

werden (〜になる) も du と er/sie/esの箇所で特殊な変化をします。

不定詞 werden			
(主語の) 人称 (単数)		(主語の) 人称 (複数)	
ich 私	werde	wir 私たち	werden
du 君	wirst	ihr 君たち	werdet
er/sie/es 彼/彼女/それ	wird	sie/*Sie* 彼ら/それら/*あなた(たち)*	werden

Ich werde **Dirigent.** 私は指揮者になる。【r Dirigent 指揮者】

Sie wird **Pilotin.** 彼女はパイロットになる。【e Pilotin パイロット】

Werden wir ein Team? 私たちはチームになるの？【s Team チーム】

＊ A ist B. (AはBである。A = B) と A wird B. (AはBになる。A→B) では、

　どちらもBが「1格 (主格)」になるので注意してください。

＊＊ werdenは助動詞としても、未来形 (14章)、受動形 (29章) で使わ

　れます。しっかり身につけましょう。

(▶)

練習 6a 動詞 sein を主語に適した形にして（　）内に入れてみましょう。

（1）Ich（　　　）enttäuscht.

　　私はがっかりした。【enttäuscht がっかりした】

（2）Das Kind（　　　）noch klein.

　　その子どもはまだ小さい。【s Kind 子ども、noch まだ】

（3）（　　　）ihr schon fertig?

　　君たちはもう終わったの？【schon すでに、fertig 終わった】

（4）（　　　）Sie zufrieden?

　　あなたは満足していますか？【zufrieden 満足した】

(▶)

練習 6b 動詞 sein を主語に適した形にして（　）内に入れてみましょう。

（1）（　　　）du auch neu hier?

　　君も新しく入ったの？【neu 新人・新来の】

（2）Sie（　　　）IT-Spezialistin.

　　彼女は IT 技術者です。【e IT-Spezialistin IT技術者】

（3）（　　　）ihr Japaner?

　　君たちは日本人ですか？【d Japaner ＜ r Japaner 日本人】

（4）（　　　）Sie hier auch Mitglied?

　　あなたもここのメンバーですか？【auch もまた、s Mitglied メンバー】

(▶)

練習 6c 動詞 sein を主語に適した形にして（　）内に入れてみましょう。

（1）Warum（　　　）das so?

　　なぜこれはそうなんですか？【warum なぜ】

（2）Wo（　　　）der Ausgang?

出口はどこですか?【r Ausgang 出口】

（3）Warum（　　　）Sie alle hier?

なぜあなたたちは全員ここにいるのですか?【alle 全員】

（4）Wie（　　　）das möglich?

これはどうですか?【wie どんな風な、möglich 可能な】

練習6d 動詞 haben を主語に適した形にして（　）内に入れてみましょう。

（1）Wir（　　　）Durst.

私たちは喉が渇いています。【r Durst 喉の渇き】

（2）（　　　）du etwas Zeit?

少し時間がありますか?【etwas 幾らか、e Zeit 時間】

（3）Er（　　　）wirklich Mut.

彼は本当に勇気がある。【wirklich 本当に、r Mut 勇気】

（4）Sie（　　　）alle Angst.

彼らはみんな不安を抱いています。【alle 全員、e Angst 不安】

練習6e 動詞 haben を主語に適した形にして（　）内に入れてみましょう。

（1）Er（　　　）die Qualifikation.

彼はその資格を持っています。【e Qualifikation 資格】

（2）（　　　）du die Informationen?

君はその情報を持っていますか?【d Informationen ＜ e Information 情報】

（3）（　　　）ihr das Passwort?

君たちはパスワードを持っていますか?【s Passwort パスワード】

（4）（　　　　）Sie die Dokumente?

あなたは書類をお持ちですか？【d Dokumente ＜ s Dokument 書類】

▶

練習 6f 　動詞 haben を主語に適した形にして（　　）内に入れてみましょう。

（1）（　　　　）du ein Haustier?

君はペットを飼っているの？【s Haustier ペット】

（2）Er（　　　　）eine Katze.

彼は猫を飼っています。【e Katze 猫】

（3）Sie（　　　　）eine Frage.

彼女は質問があります。【e Frage 質問】

（4）（　　　　）Sie einen Termin?

あなたは予約していますか？【r Termin 予約】

▶

練習 6g 　動詞 haben を主語に適した形にして（　　）内に入れてみましょう。

（1）Wo（　　　）Sie Schmerzen?

あなたはどこが痛いのですか？【d Schmerzen ＜ r Schmerz 痛み】

（2）Wieso（　　　）er das?

なんで彼がそれを持っているんだ？【wieso なんで】

（3）Wo（　　　）du den Schlüssel?

君は鍵をどこにやったんだ？【r Schlüssel 鍵】

（4）Wo（　　　）ihr das Material?

君たち資料はどこにやったの？【s Material 資料】

定動詞の位置

Nur abends trinkt **sie Kräutertee.**
夜だけ彼女はハーブティーを飲みます。

B09

　辞書の見出し語ともなる**動詞の基本形**を「不定詞」と呼ぶのに対し、**主語に応じて適切に人称変化した形**を「定動詞」と呼びました。ドイツ語では定動詞が文構造の軸（ハブ）のようになっていて、その占める**位置は文の種類により厳密に決まっています**。この章では「定動詞」が文中で占める位置について、詳しく見てみます。

定動詞の位置

　定動詞のポジションは文の種類によって決まります。

a）1番目（文頭）：**決定疑問文**（疑問詞のない疑問文）

b）2番目 　　　：**平叙文、補足疑問文**（疑問詞付きの疑問文）

　決定疑問文では定動詞を文頭に置く、補足疑問文では「疑問詞＋定動詞＋それ以外の要素」という順で並べることはすでに確認済みですが、ここでb）の平叙文では2番目という規則には注意が必要です。「2番目」というのは2番目の単語ではなく、文を構成する意味の単位として2番目ということです。例えば、次の文

⇨ **Er trinkt nur abends Kaffee.**
　1　　2
彼は夜しかコーヒーを飲まない。【nur ～だけ】

では、定動詞 trinkt が文頭から数えて2番目に来ていますが、

⇨ **Nur abends trinkt er Kaffee.**
　　1　　　　2
夜だけしか彼はコーヒーを飲まないんだ。

では、trinktが単語としては３番目になります。ただし、nur abends（夜だけ）というフレーズは文中で常に一体として扱われ、切り離して使われることはないので、文の構成要素としては一つと見なされます。

定動詞は２番目に

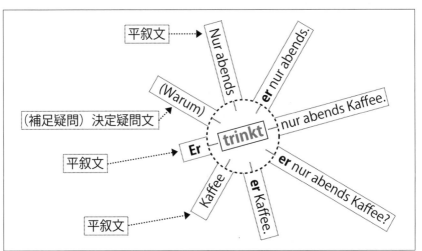

平叙文 ……→ Nur abends

（補足疑問）決定疑問文 →（Warum）er nur abends,

平叙文 ……→ Er trinkt nur abends Kaffee.

er nur abends Kaffee?

平叙文 ……→ Kaffee er Kaffee.

（warum なぜ→Warum trinkt er nur abends Kaffee? なぜ彼は夜しかコーヒーを飲まないの？）

同様に、Die Zentrale der Firma ist in Singapur.「本社はシンガポールにあります」（e Zentrale 本部、e Firma 会社）では、die Zentrale der Firma(会社の本部)がひとまとまりの概念と考えられるので、定動詞が文頭から２番目という規則にはきちんと従っています。(die Zentrale der Firmaは代名詞に置き換えると、Sie ist in Singapur.「それはシンガポールにあります。」となります。この例文で見られるように、ドイツ語では代名詞を使うとき、男性名詞はerで、女性名詞はsieで、中性名詞はesで受けるのが普通です。)

平叙文のときに定動詞を文頭から２番目に置くことはドイツ語文の大

きな特徴で、どんな場合でも厳格に守られます。そのため、一つの平叙文でも次のようなバリエーションを生みます。また語順を変えた場合には、当然ニュアンスの違いが生じます。次のEr spielt immer donnerstags Tennis.「彼はいつも木曜日にテニスをする」（immer いつも、donnerstags木曜日に）を比較して見てください（相違がわかるように訳し分けています）。

1）Er spielt immer donnerstags Tennis.

　彼はいつも木曜日にテニスをする。

2）Donnerstags spielt er immer Tennis.

　木曜日だと彼はいつもテニスをしている。

3）Tennis spielt er immer donnerstags.

　テニスなら彼はいつも木曜日にしている。

　基本的に定動詞の左側（文頭）に来る要素に「**スポットライト**」を当てている感じで、何が文の主題になっているかが示されています。主語は文の主題になることが多いので、自然と文頭に置かれることが多いのだとも言えます。このことは、後に副文（20章）が登場した段階で、またお話しすることになります。

練習問題

練習 7a 指示通りに語順を変えて書きましょう。

（ 1 ）Sie übt nachmittags Klavier.

彼女は午後にピアノを練習する。【 üben 練習する、nachmittags 午後に、s Klavier ピアノ】

「午後に」を文頭に　→ _____

「ピアノを」を文頭に　→ _____

（ 2 ）Sie schreibt bald eine Antwort.

彼女はまもなく返事を書きます。【 bald まもなく、e Antwort 返事】

「まもなく」を文頭に　→ _____

「返事」を文頭に　→ _____

（ 3 ）Ich schlafe morgen früh bis 10.

私は明朝きっと10時まで寝ています。【 schlafen 眠っている、morgen früh 明日の朝、bis 10 10時まで】

「明朝」を文頭に　→ _____

「10時まで」を文頭に　→ _____

（ 4 ）Wir machen bis nächste Woche einen Plan.

私たちは来週までにプランを作ります。【 machen 作る、bis nächste Woche 来週まで、r Plan プラン】

「来週までに」を文頭に　→ _____

「プランを」を文頭に　→ _____

（ 5 ）Ich bleibe einen Monat lang hier.

私はひと月間ここに滞在します。【bleiben 留まる・滞在する、einen Monat lang ひと月間】

「ひと月間」を文頭に　→ ＿＿＿＿＿＿＿＿＿＿＿＿＿＿＿＿＿＿

「ここに」を文頭に　→ ＿＿＿＿＿＿＿＿＿＿＿＿＿＿＿＿＿＿

▶

練習 7 b 【 　 】内の語をヒントにして、空欄を埋め和文に相当する決定疑問文を作ってみましょう。

（ 1 ）（ 　 ）（ 　 ）（ 　 　 ）teuer?

その本は高価ですか？【s Buch 本、teuer 高価な】

（ 2 ）（ 　 　 ）（ 　 ）（ 　 ）Eigentumswohnung?

（私たちは）マンションを一つ買いましょうか？【e Eigentumswohnung 分譲マンション】

（ 3 ）（ 　 　 ）（ 　 ）vielleicht eine Idee?

君はもしかして何かアイディアがある？【vielleicht もしかして、e Idee アイディア】

（ 4 ）（ 　 　 ）（ 　 ）（ 　 　 ）gut?

その音楽は心地よいですか？【e Musik 音楽、klingen 響く・聞こえる、gut 心地よい】

▶

練習 7 c 【 　 】内の語をヒントにして、空欄を埋め和文に相当する補足疑問文を作ってみましょう。

（ 1 ）（ 　 　 ）（ 　 　 ）denn so etwas?

誰が一体そんなことを言うのですか？【wer 誰が、sagen 言う、denn 一体、so etwas そんなこと】

（ 2 ）（ 　 　 ）（ 　 　 ）（ 　 　 ）eigentlich?

ところであなたはどちらにお住まいですか？【wo どこに、wohnen 住む、eigentlich ところで】

（ 3 ）（ 　 　 ）（ 　 　 ）（ 　 　 ）mich das?

あなたはどうして私にそれを聞くんです？【wieso どうして、jn fragen 人⁴に質問する →Ich frage dich. 私は君に質問します。】

（4）（　　　）（　　　）（　　　）noch nicht?

あなたはどなたをまだご存知ないのですか？【wen 誰を、kennen 知っている、noch nicht まだ〜でない】

▶

練習 7d 【　】内の語をヒントにして、空欄を埋め和文に相当するドイツ語文を作ってみましょう。

（1）（　　　）（　　　　）ich（　　　）Brief?

私はその手紙を何で書いたらいいのだろう？【womit 何を使って、schreiben 書く、r Brief 手紙】

（2）（　　　）（　　　）denn das Tablet?

あのタブレットは一体どこにあるの？【wo どこに、denn 一体、s Tablet タブレット端末】

（3）（　　　　）（　　　　　　　）das nicht?

何で動かないんだ？【wieso なぜ、funktionieren 作動する】

（4）（　　　）Akku ist leider alle.

バッテリーが残念ながら空です。【r Akku バッテリー、leider 残念ながら、alle 無くなった】

8

名詞の複数形

Wir haben viele Freunde.
私たちには友達がたくさんいる。

B10

　ドイツ語も多くのヨーロッパ言語と同じように、複数の対象には名詞の複数形を用います。英語では単数形に -s または -es の語尾をつければ、特殊な例外を除き複数形を作ることができました。これがドイツ語では、4 種の語尾「-e」「-er」「-(e)n」「-s」または「-」(ゼロ語尾＝単複同形)による 5 つのパターンで複数形を作ります (p.61 表参照)。

複数形と定冠詞

　定冠詞の格変化で触れたように、複数形では名詞の性別は文法上消失し、定冠詞はすべて 1 格 = die、2 格 = der、3 格 = den、4 格 = die と同一の変化をします。また、3 格では名詞の語尾に「-n」の語尾をつけます (ただし複数 1 格の形が「-s」「-n」で終わっているものには 3 格で「-n」はつけません)。

複数形の作り方

　複数形の作り方については、単純な規則はありません。はじめはやっかいに思われますが、慣れると勘も働くようになってくるので、じっくり付き合っていきましょう。各名詞の複数形は辞書に記載されていますが、しばしば「- e」「- er」「- n」「- s」などの略号で複数形を示します。ここで「-」の記号は単数形の形を示しています。つまり「- e」と示されたら、これは単数形に「- e」をつければ複数形になるという意味です。

r Hund (犬) [-e] ⇨ **d Hund**e

「‐ en」であれば単数形に「‐ en」をつければ複数形になります。

r Staat（国家）[-en] ⇨ **d Staaten**

もし「‐」とだけ書かれていたら、それは語尾をつけず単数も複数も同形だということになります。

r Kuchen（ケーキ）[-] ⇨ **d Kuchen**

また「‐」「‐ e」「‐ er」型ではウムラウト可能な最初の母音でウムラウトを起こす場合があります（「‐ er」型では常にウムラウト）。その場合は「⸚」「⸚e」「⸚er」と記してあります。

Mutter（母）⸚ ⇨ **Mütter**

Hand（手）「⸚e」⇨ **Hände**

Land（国）「⸚er」⇨ **Länder**）

複数形の作り方	辞書での表記	ウムラウト	単数1格	複数1格
ゼロ語尾	-	無	der Onkel（おじ）	die Onkel
	⸚	有	die Mutter（母）	die Mütter
＋ e	-e	無	das Jahr（年）	die Jahre
	⸚e	有	der Arzt（医師）	die Ärzte
＋ er	-er/⸚er	有	das Haus（家）	die Häuser
＋（e）n	-n	無	die Katze（猫）	die Katzen
	-en	無	die Frau（女）	die Frauen
＋ s	-s	無	der Park（公園）	die Parks

男性弱変化名詞

少数ですが男性名詞のごく一部に特殊な変化をする名詞群があります。これらの名詞では単数1格以外の全て（単数2格から複数4格まで）

に「-en」という語尾を取るのが特徴です。大きな変化をしないという意味から、「弱変化」と呼ばれています。以下の表をご覧ください。

	単数	複数
1格	der Mensch（人間）	die Menschen
2格	des Menschen	der Menschen
3格	dem Menschen	den Menschen
4格	den Menschen	die Menschen

このグループに属する主な男性名詞は以下の通りです。

Assistent（助手）、Automat（自動販売機）、Franzose（フランス人）、Junge（少年）、Kollege（同僚）、Kunde（顧客）、Löwe（ライオン）、Mensch（人間）、Neffe（甥）、Philosoph（哲学者）、その他-ist/-ent/-eで終わる男性名詞（ただしKäse「チーズ」のみ例外）：Journalist（ジャーナリスト）、Pianist（ピアニスト）、Polizist（警察官）、Tourist（観光客）、Dirigent（指揮者）、Patient（患者）、Präsident（大統領）、Affe（猿）など。

特殊な変化をする名詞

「Herr」「Name」「Herz」はよく使われる名詞ですが、男性弱変化名詞に似た、特殊な語尾変化をします。

		r Herr（男性）	r Name（名前）	s Herz（心臓）
単数	1格	der Herr	der Name	das Herz
	2格	des Herrn	des Namens	des Herzens
	3格	dem Herrn	dem Namen	dem Herzen
	4格	den Herrn	den Namen	das Herz

複数	1格	die	Herren	die	Namen	die	Herzen
	2格	der	Herren	der	Namen	der	Herzen
	3格	den	Herren	den	Namen	den	Herzen
	4格	die	Herren	die	Namen	die	Herzen

　この他、ギリシア語やラテン語由来の言葉では、特殊な複数形を作る例が見られます。例：s Museum（博物館）→ Museen、s Lexikon（事典）→ Lexika、e Firma（会社）→ Firmen など。

> 　ドイツ語には複数形しかない名詞があります。d Eltern（両親）、d Geschwister（兄弟姉妹）、d Leute（人々）、d Ferien（休暇）など。一方で、単数形で複数の意味を含む名詞もあります。s Obst（果物）、s Gemüse（野菜）など。また、個別に数えることはできない抽象名詞r Durst（喉の渇き）、r Hunger（空腹）、s Fieber（身体の熱）、r Ärger（怒り）や、個々に数えることのできない物質名詞e Milch（ミルク）、e Butter（バター）などの名詞には複数形はありません。

辞書の調べ方

　最後に名詞の複数形の調べ方について具体的に見てみることにします。通常、名詞を辞書で調べると、見出し語の部分で次のような表記に出会います。

Freund　［フロイントゥ］　m.　–(e)s　／　–e　　　①　友人・・・

　　↑　　　　　　↑　　　　↑　　↑　　　　↑　　　　　　　↑

　見出し語　　　発音　　　性別 単数2格形 複数形　　　　　意味

　順番に見ていきましょう。まず見出し語が来ます（Freund）。その次に発音の表記があります。表記は、カナまたは発音記号で示されます。その後に名詞の性別が示されます。男性名詞、女性名詞、中性名詞の性別

は、それぞれm.、f.、n.　または男、女、中で表されます（ただし、本書では r、e、s で示しています）。それに続いて単数2格の語尾が示されます。単数2格の語尾を表記するのは、–s をつけるだけでよいのか、–es にしなければいけないのかを明示するためです（ただし女性2格では語尾をつけないので、しばしば表記が省略されることがあります）。この例のようにeがカッコに入っている場合は、eをつけてもつけなくてもよいことを示します。そして最後、スラッシュの後にあるのが複数形の1格です（–e）。上で触れた「男性弱変化名詞」の場合は、**Student**［シュトゥデントゥ］**m. -en / -en** ①大学生・・・のように、男性名詞でありながら単数2格で「-(e)s」という語尾を取らず、「-en」という語尾を取り、なおかつ複数形でも同じ「-en」という語尾を取るので、男性弱変化名詞とわかります（明記してある辞書もあります）。

合成語について

名詞はしばしば名詞の他、動詞・形容詞など他の品詞とも結びついて合成語を作ります（下例参照）。このような合成語の「数」と「性」は、最後に置かれる名詞が基準となります。つまり、最後の言葉が女性名詞なら全体も女性名詞になり、最後の名詞が複数であれば、全体も複数となります。
例：**s Tennis**（テニス）+ **r Schläger**（ラケット）= **r Tennisschläger**（テニスラケット）
　　r Sommer（夏）+ **d Ferien**（休暇）= **d Sommerferien**（夏休み）

名詞を記憶する際は、3章でも触れたように定冠詞こみで名詞を覚えます。der Wagen 車、die Tür ドア、das Haus 家という具合です。本書では男性「r」、女性「e」、中性「s」という表記を用いていますが、これは各性の定冠詞1格の語尾を取ったもので、これにより、定冠詞をイメージしやすくなるはずです。複数を「d」としているのは、女性の語尾「e」と重複するのを避けるためですが、複数形のみの名詞は数が多くないので負担にはならないと思います。

練習 8 a ［ ］内に示された略号を参考に、複数形にして、（ ）内に入れてみましょう。

（ 1 ）r Hund 犬［-e］

Die（　　　）bellen.

犬が吠える。【bellen 吠える】

（ 2 ）r Monat 月［-e］

Drei（　　　）sind um.

3か月が過ぎた。【um 過ぎ去って】

（ 3 ）e Nacht 夜［⸚e］

Die（　　　）sind noch kühl.

夜はまだ肌寒い。【noch まだ、kühl ひんやりする】

（ 4 ）r Topf 鍋［⸚e］

Die（　　　）sind aus Aluminium.

鍋はアルミニウム製です。【aus ～でできた】

練習 8 b ［ ］内に示された略号を参考に、複数形にして、（ ）内に入れてみましょう。

（ 1 ）s Haus 家［⸚er］

Das sind（　　　）aus Stein.

これらは石造りの家です。【r Stein 石】

（ 2 ）s Kind 子ども［⸚er］

Hier spielen die（　　　）gern.

子ども達はここで遊ぶのが好きです。【hier ここで、spielen 遊ぶ、gern 好んで →p. 28 参照】

（3）s Band リボン [⸚er]

Die（　　）sind lose.

リボンがほどけている。【lose ほどけた】

（4）s Licht 灯り [-er]

Die（　　）sind an.

灯りはついています。【an スイッチオンの】

▶

練習 8c　[　]内に示された略号を参考に、複数形にして、（　）内に
入れてみましょう。

（1）e Fabrik 工場 [-en]

Überall stehen nur（　　　　）.

いたるところ工場しか建っていない。【überall いたるところに、stehen 建っている】

（2）e Amsel クロウタドリ [-n]

Abends singen hier besonders die（　　　　）.

夕刻にはこの辺りでは特にクロウタドリが鳴きます。【abends 夕べに、singen 歌う、
besonders 特に】

（3）r Junge 少年 [-n]

Die（　　　　）spielen Fußball.

少年達はサッカーをしています。【spielen プレーする、r Fußball サッカー】

▶

練習 8d　[　]内に示された略号を参考に、複数形にして、（　）内に
入れてみましょう。

（1）s Auto 車 [-s]

Hier parken viele（　　　）.

ここにはたくさんの車が駐車してある。【parken 駐車する、viele たくさんの】

66

（2）r PC [-s]

Die （　　　） sind alle ganz neu.

それらのPCは全て新品です。【alle みんな、ganz 全く、neu 新しい】

（3）e Schlange へび [-n]

Hier sieht man manchmal （　　　　　）.

この辺りではときどきへびを見かけることがあります。【sieht 見かける（sehenの3人称単数形。詳しくはp.69）、manchmal ときどき】

▶

練習 8e ［　］内に示された略号を参考に、複数形にして、（　）内に入れてみましょう。

（1）r Platz 席 [⸚e]

Die （　　） sind besetzt.

これらの席はふさがっています。【besetzt ふさがっている】

（2）e Tomate トマト [-n]; e Gurke キュウリ [-n]（両方とも無冠詞で）

（　　　） und （　　　） sind wieder billig.

トマトとキュウリはまた安くなった。【wieder 再び、billig 安価な】

（3）e Orange オレンジ [-n]; e Kiwi キウイ [-s]

Bitte drei （　　　　） und zwei （　　　）.

オレンジ3個とキウイを2個ください。【bitte お願いします、drei 3、zwei 2】

（4）e Tochter 娘 [⸚er]

Sie haben drei （　　　　）.

彼らには娘が3人います。【drei 3】

9 動詞の使い方・現在形 2 （不規則動詞）

Schläft das Kind noch?

子どもはまだ眠ってるの？

B11

不規則動詞

　ドイツ語には約 200 の不規則動詞があります。不規則動詞というのは、英語学習でもお馴染みのように過去形・過去分詞を規則的なパターンで作れない動詞を指します（⇨ 24 章）。この中、約 50 ほどの動詞は、現在人称変化においても、2 か所（du と sie/er/es の所）で母音が少しだけ変化します。よく使われる動詞が多いので、しっかりと練習する必要があります。この章では、これらの動詞の使い方を学びます。変化は大きく分けて次の 2 つの型があります。

1）du と er のところで母音 a が ä に変わるもの。

例：ich fahre、du fährst、er/sie fährt、wir fahren、ihr fahrt、sie fahren

2）du と er のところで母音 e が i(e) に変わるもの。

例：ich gebe、du gibst、er/sie gibt、wir geben、ihr gebt、sie geben

1）a → ä の変化をする不規則動詞

不定詞 →	fahren（乗り物で行く）	schlafen（眠っている）	waschen（洗う）
ich	fahre	schlafe	wasche
du	fährst	schläfst	wäschst
er/sie/es	fährt	schläft	wäscht
wir	fahren	schlafen	waschen
ihr	fahrt	schlaft	wascht

sie/Sie	fahren	schlafen	waschen

　このタイプに属する動詞としては他に、fallen（落ちる）、fangen（捕まえる）、gefallen（〜に気にいる）、halten（保持する、止まる）*、lassen（〜させる、放置する）*、tragen（運ぶ、身につける）、wachsen*（育つ）などがあります（＊印の動詞については、以下の３）を参照）。

２）e → i(e) の変化をする不規則動詞

不定詞 →	helfen（手伝う）	sehen（見る、見える）	geben（与える）
ich	helfe	sehe	gebe
du	hilfst	siehst	gibst
sie/er/es	hilft	sieht	gibt
wir	helfen	sehen	geben
ihr	helft	seht	gebt
sie/Sie	helfen	sehen	geben

　このタイプに属する動詞としては他に、essen*（食べる）、lesen*（読む）、nehmen*（取る、≒英語 *take*）、sprechen（話す）、treffen（物⁴にあたる、人⁴に出会う）、vergessen*（忘れる）、versprechen（約束する）、brechen（破る、破れる）、empfehlen（推薦する）などがあります（＊印の動詞については、以下の３）を参照してください）。

３）多少注意が必要な動詞
　以下の動詞は、母音の変化以外に語尾変化で多少注意が必要となります。

不定詞 →	halten（保持する）	essen（食べる）	nehmen（取る）	stoßen（ぶつかる）
ich	halte	esse	nehme	stoße
du	hältst	isst	nimmst	stößt
sie/er/es	hält	isst	nimmt	stößt
wir	halten	essen	nehmen	stoßen
ihr	haltet	esst	nehmt	stoßt
sie/Sie	halten	essen	nehmen	stoßen

　*halten（保持する）は、sie/er/esの箇所で、さらに人称語尾の「t」はつけません。

　**essen（食べる）は、duの箇所で、さらに「s」を付け加えることはありません。これはlassen（させる）、lesen（読む）、vergessen（忘れる）、wachsen（育つ）など語幹が「s」で終わる動詞に共通です。

　***nehmen（取る）はduとsie/er/esの箇所で語幹のhが脱落し、代わりにmを挿入します。hが脱落することにより、母音は短くなります。

　****stoßen（ぶつかる）はduとsie/er/esの箇所でウムラウトします。

辞書での調べ方

　このような注意すべき現在人称変化をする動詞については、辞書でも各動詞の記述に変化形が載せてあります。また、辞書巻末にある不規則動詞変化表の「現在（人称変化）」という欄にも載せてあります。

練習問題

▶

練習 9a　和文を参考に、指定された動詞をふさわしい形で（　　）内に
入れてみましょう。

（1）fahren（乗り物で行く）→（　　　　　）du gern nachts?

　　夜にドライブするのは好きですか？【gern 好んで、nachts 夜に】

（2）fallen（落ちる）→ Der Apfel（　　　　　）nicht weit vom Stamm.

　　リンゴは木から遠くへは落ちない。（ことわざ＝蛙の子は蛙）【r Apfel リンゴ、nicht ＝
　　英語 *not*、weit 遠い、r Stamm 幹】

（3）schlafen（眠っている）→ Er（　　　　　）jetzt.

　　彼は今眠っています。【jetzt 今】

（4）waschen（洗う）→（　　　　）du heute noch?

　　今日のうちに洗濯するの？【heute 今日、noch まだ】

▶

練習 9b　和文を参考に、指定された動詞をふさわしい形で（　　）内に
入れてみましょう。

（1）geben（与える）→（　　　　）du mal bitte die Butter?

　　ちょっとバターを取ってくれる？【mal ちょっと、e Butter バター】

（2）helfen（手伝う）→（　　　　）du den Kindern?

　　子ども達に手を貸してやってくれる？【d Kinder ＜ s Kind 子ども】

（3）sprechen（話す）→ Sie（　　　　）immer deutlich.

　　彼女はいつもはっきりと話します。【deutlich 明瞭に】

（4）brechen（壊れる）→ Vorsicht! Das（　　　）leicht!

　　慎重に！すぐに壊れるよ！【Vorsicht! 注意！、leicht 簡単に】

練習 9c 和文を参考に、指定された動詞をふさわしい形で（ ）内に
入れてみましょう。

（ 1 ）halten（停まる）→ Der Zug（　　　　　）hier nicht.

その列車はここには停まりません。【r Zug 列車】

（ 2 ）essen（食べる）→（　　　　　）du das nicht gern?

君はそれ好きじゃないの？【gern 好んで】

（ 3 ）nehmen（取る）→（　　　　　）du Rot- oder Weißwein?

赤ワインにしますか、それとも白ワイン？【r Rotwein 赤ワイン、oder また は、
r Weißwein 白ワイン】。Rotwein と Weißwein のように後半の名詞が重複する語を列
挙する場合には、文例のような書き方をします。

（ 4 ）vergessen（忘れる）→ Sie（　　　　　　　）immer alles.

彼女はいつも何でも忘れます。【alles 全てのこと】

定冠詞類・不定冠詞類

Die Katze hier ist unser Haustier.
この猫はうちのペットです。

B12

定冠詞類と不定冠詞類

　定冠詞と不定冠詞のほかに、より細かいニュアンスを付け加える「冠詞類」があります。例えばdie Katze（その猫）と diese Katze（ここにいる猫）、der Hund（その犬）と dieser Hund（ここにいる犬）のように、対象をさらに限定するために使われます（英語の *the* と *this* の違いに相当）。これから、このグループに属する語を個々に見ていくことにします。変化のパターンに応じて、「定冠詞類」と「不定冠詞類」に分けられます。

定冠詞類（定冠詞と似た格変化）

　冠詞と同じく名詞の前に置かれ、固有の意味と名詞の性・数・格を示します。格変化のパターンは定冠詞に非常によく似ています。以下、dieser（この ≒ 英語 *this*）の変化例を表で見てみましょう。

	男性名詞	女性名詞	中性名詞	複数
	ここにいる犬	ここにいる猫	ここにいる子ども	ここにいる人々
1格	dieser Hund	diese Katze	dieses Kind	diese Leute
2格	dieses Hund(e)s	dieser Katze	dieses Kind(e)s	dieser Leute
3格	diesem Hund	dieser Katze	diesem Kind	diesen Leuten
4格	diesen Hund	diese Katze	dieses Kind	diese Leute

定冠詞の格変化と比較してみましょう

	男性名詞		女性名詞		中性名詞		複数	
1格	der	dieser	die	diese	das	dieses	die	diese
2格	des	dieses	der	dieser	des	dieses	der	dieser
3格	dem	diesem	der	dieser	dem	diesem	den	diesen
4格	den	diesen	die	diese	das	dieses	die	diese

ただし、中性1格・4格だけはdiesesと定冠詞dasの語尾が違っているので、要注意です。

このグループに属する語としては次のようなものがあります。

dieser（この）

⇨**Kennen Sie diesen Sänger nicht?**

この歌手を知りませんか？【kennen 知っている、r Sänger 歌手】

solcher（そのような）

⇨**Solche Sachen esse ich gern.**

その手のものを好んで食べます。【d Sachen ＜ e Sache もの】

welcher（どの：疑問詞）

⇨**Welches Getränk nehmen Sie?**

どの飲み物になさいますか？【s Getränk 飲み物、nehmen 取る】

jeder（各々の）

⇨**Jeder Besucher ist hier willkommen.**

どなたもここでは大歓迎。【r Besucher 来訪者、willkommen ウェルカム】

不定冠詞類（不定詞冠詞と似た格変化）

1）否定冠詞 kein
^{カイン}

keinは不定冠詞einの否定形です。英語の*no*に相当します（*no idea*、*no books*など）。すなわちkeinは「ゼロ」を表す冠詞と見なせます。例えば、Hast du eine Idee? (何かアイディアがある？) に対して、アイディアがあるときはJa, ich habe eine Idee. と答えますが、ないときは　Nein, ich habe keine Idee. (＝ゼロ アイディア) と答えることになります。

	男性名詞	女性名詞	中性名詞	複数
	ゼロ理由＝理由がない	ゼロ時間＝時間がない	ノーマネー＝お金がない	ゼロ兄弟＝兄弟がない
1格	kein Grund	keine Zeit	kein Geld	keine Geschwister
2格	keines Grunds	keiner Zeit	keines Geldes	keiner Geschwister
3格	keinem Grund	keiner Zeit	keinem Geld	keinen Geschwistern
4格	keinen Grund	keine Zeit	kein Geld	keine Geschwister

不定冠詞の格変化と比較してみましょう。

	男性名詞		女性名詞		中性名詞		複数	
1格	ein	kein	eine	keine	ein	kein	─	keine
2格	eines	keines	einer	keiner	eines	keines	─	keiner
3格	einem	keinem	einer	keiner	einem	keinem	─	keinen
4格	einen	keinen	eine	keine	ein	kein	─	keine

⇨**Ich habe keine Zeit und kein Geld.**

私は時間もお金もありません。【e Zeit 時間、s Geld お金】

⇨Haben Sie keinen Führerschein?

運転免許証をお持ちではないのですか？【r Führerschein 運転免許】

＊kein と nicht による否定

<ruby>kein<rt>カイン</rt></ruby> と <ruby>nicht<rt>ニヒトゥ</rt></ruby>

名詞を否定するとき、特定のもの（定冠詞のついた名詞）を否定する場合は、その前に nicht を置きますが、一般的なもの（不定冠詞のついた名詞・無冠詞の名詞）を否定する場合は、名詞の前に kein を置きます。

⇨Ich habe nicht die Zeit. (その時間はない。)

⇨Ich habe keine Zeit. (時間がない。)

２）所有冠詞

不定冠詞類の中で主要なグループを成すものに「所有冠詞」があります。「私の～」「君の～」などの所有関係を表す語で、こういう時、英語では人称代名詞の所有格（*my、your、his、her*など）を使いますが、ドイツ語ではこれを冠詞で表します。つまりドイツ語では不定冠詞が「一つの」、定冠詞が「その」という意味を表したように、所有冠詞はそれ自身が「君の」とか「彼女の」という所有の意味を表す冠詞となります。したがって、所有冠詞は「冠詞」ですから、あとに来る名詞の性・数・格に応じて変化します。

⇨Mein Flug geht morgen.

私の飛行機は明日出ます。【r Flug フライト】

⇨Ich buche morgen meinen Flug.

私は明日自分のフライトを予約します。【buchen 予約する】

整理するために Katze 猫（女性名詞）の冠詞類の変化を比較してみます。

<ruby>Katze<rt>カッツェ</rt></ruby>

	定冠詞 その	不定冠詞 一つの	否定冠詞 ゼロの	所有冠詞 私の
1格	die	eine	keine	meine
2格	der	einer	keiner	meiner
3格	der	einer	keiner	meiner
4格	die	eine	keine	meine

Katze

所有冠詞の一覧表は以下のようになります。

私の	君の	彼女の	彼の	それの	あなたの
mein	dein	ihr	sein	sein	Ihr
私たちの	君たちの	彼らの		あなたたちの
unser	euer	ihr		Ihr

不定冠詞の格変化と比較してみましょう。

	男性名詞		女性名詞		中性名詞		複数	
1格	ein	mein	eine	meine	ein	mein	—	meine
2格	eines	meines	einer	meiner	eines	meines	—	meiner
3格	einem	meinem	einer	meiner	einem	meinem	—	meinen
4格	einen	meinen	eine	meine	ein	mein	—	meine

　不定冠詞類の格変化は、不定冠詞と全く同じになります。ただし不定冠詞は「一つの」という意味ですから複数形はなく、所有冠詞の複数変化は定冠詞類と同じになります（＝定冠詞の変化にほぼ同じ）。

　ただし、「euer」に変化語尾がつく場合、次のようになるので注意しましょう（euerの2番目のeが脱落します）。

	1格	2格	3格	4格
男性	euer	eures	eurem	euren
女性	eure	eurer	eurer	eure
中性	euer	eures	eurem	euer
複数	eure	eurer	euren	eure

⇨ **Das ist** meine **Familie.**

これは私の家族です。【e Familie 家族】

⇨ **Wo wohnen** deine **Eltern?**

君のご両親はどこにお住まい？【d Eltern 両親】

⇨ Ihr **Bruder studiert noch.**

彼女の兄はまだ大学に通っている。【r Bruder 兄弟、studieren 大学で学ぶ】

⇨ **Das hier ist ein Foto** seines **Elternhauses.**

これは彼の実家の写真です。【s Foto 写真、s Elternhaus 両親宅】

⇨ **Ist das** Ihre **Tasche?**

これはあなたのバッグですか？【e Tasche バッグ】

⇨ **Das ist** unser **Kirschbaum.**

これはウチの桜の木です。【r Kirschbaum 桜の木】

⇨ **Habt ihr** eure **Sonnenbrillen?**

君たちは自分のサングラス持ってる？【d Sonnenbrillen ＜ e Sonnenbrille サング

ラス】

⇨ Ihre **Adresse kennen wir nicht.**

彼女の住所を私たちは知らない。【e Adresse 住所】

⇨ **Wo verbringen Sie** Ihren **Urlaub?**

どこであなたはご自分の休暇を過ごされるのですか？【verbringen 過ごす、

r Urlaub 休暇】

（▶）

練習10a　和文を参考に、指定された語をふさわしい形で（　）内に入れてみましょう。

（1）dieser → Wem gehört（　　　　）Hund?

この犬は誰の犬?【wem 誰に→30章、jm gehören 人³のものである、r Hund 犬】

（2）welcher →（　　　　）Instrument spielst du?

君はどの楽器をひくの?【s Instrument 楽器】

（3）solcher →（　　　　）Freunde sind ein Gottesgeschenk.

そんな友人は神様の贈り物だ。【d Freunde＜r Freund 友人、s Gottesgeschenk 神様の贈り物】

（4）jeder →（　　　　）Mitglied hat einen Ausweis.

どのメンバーも会員証を持っています。【s Mitglied メンバー、r Ausweis 身分証明書】

（▶）

練習10b　和文を参考に（　）内にふさわしい所有冠詞を補ってみましょう。

（1）Heute kommt（　　　　）Freund.

今日私の友人が来ます。【heute 今日、r Freund 友人】

（2）Ist das（　　　　）Mütze?

これは君の帽子?【e Mütze つばの無い帽子】

（3）Leider kennen wir（　　　　）Adresse nicht.

残念ながら私たちは君たちの住所を知らないんだ。【leider 残念ながら、kennen 知っている、e Adresse 住所】

（4）Nachher essen wir（　　　　）Apfelkuchen.

私たちは後で君のアップルケーキを食べるよ。【nachher 後で、essen 食べる、r Apfelkuchen アップルケーキ】

11

前置詞 1

Das habe ich aus dem Netz.
それはネットから取ったものです。

B13

　前置詞は英語でもおなじみの品詞ですが、使われる場面ごとに微妙に意味を変えていくところに習得の難しさがあります。おおまかな基本の意味はあっても、単にそれを覚えれば済むというものでもなく、実際に使われている場面ごとの意味を理解することが大切です。ドイツ語の前置詞をざっと眺めると以下のようなものがあります。

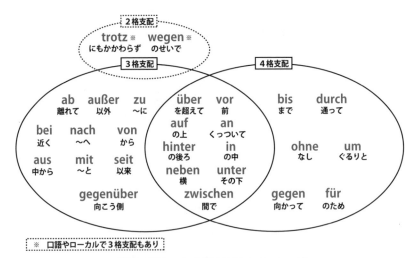

ドイツ語の主な前置詞のイメージ

ドイツ語の前置詞と格支配

　ドイツ語の前置詞学習のポイントは「前置詞の格支配」と呼ばれる現象です。これは、「ドイツ語の前置詞は、一緒に使う名詞・代名詞が特

定の格でなければならない」というルールです。例えばmit（＝英語 *with*）という前置詞を使うときは後に来る名詞は３格でなければなりません。mit dem Kind（その子どもと一緒に）。für（＝英語 *for*）は４格と使います。für den Zweck（その目的のために）。そのようなとき「３格支配の前置詞」「４格支配の前置詞」と呼びます。この場合、名詞の格を３章に書かれていた「格の意味」とは切り離して、単純な約束事と理解してください。前置詞の格支配の背景となる歴史的事情はそれなりにあるのですが、現代ドイツ語の学習にとっては無用なので、ここでは触れません。それでは、格支配のグループごとに具体的な使い方を見てみましょう。「　」内によく使われる意味が書いてありますが、前置詞は使われ方で多様な意味を表現します。慣用句なども含め、腑に落ちないときは辞書で確認しましょう（以下、格支配の数字順に前置詞を並べてありますが、この順番は使用頻度とは無関係です。例えば、２格支配の前置詞は日常会話では使用頻度が少ないのです）。

２格支配の前置詞（２格の名詞と使われる前置詞） ▶

● **während**「～の間、～しながら」

⇨ **Er schläft** während **der Sitzung.**

彼は会議の間眠っている。【e Sitzung 会議】

⇨ **Während des Gewitters bleiben wir zu Haus.**

雷雨の間私たちは家にいます。【s Gewitter 雷雨、bleiben 留まる、zu Haus 家に】

● **wegen**「～が原因で、～により」

⇨ **Wegen des Regens kommt er heute nicht.**

雨のせいで彼は今日来ない。【r Regen 雨】

● **trotz**「～にもかかわらず」

⇨ **Trotz der Gefahr macht er das.**

危険にもかかわらず彼はそれをする。【e Gefahr 危険、machen する】

● statt「～の代わりに」

⇨ Statt dieser Musik höre ich lieber etwas anderes.

この曲の代わりに何か別のものを聴く方がいいな。【e Musik 音楽、hören 聞く、lieber より好ましい、etwas anderes 何か他のもの】

3格支配の前置詞（3格の名詞と使われる前置詞）

B14

● mit「～と一緒に、～のついた、～を使って」

⇨ Wir kommen mit der Familie.

家族と一緒に来ます。

⇨ Ich mache das mit der Maschine.

その機械を使ってそれをやります。【machen する、e Maschine 機械】

⇨ Er kommt immer mit dem Bus.

彼はいつもバスを利用して来る。【r Bus バス】

● aus「～中から、～出た、～を材料とする」

⇨ Das Wasser kommt aus dieser Quelle.

水はこの泉から出てくるんだ。【s Wasser 水、e Quelle 泉】

⇨ Sie kommt aus Shanghai.

彼女は上海の出身です。【Shanghai 上海】

⇨ Das ist nicht aus Holz, sondern alles aus Plastik.

これは木製ではない、全部プラスチック製だ。【s Holz 木材、s Plastik プラスチック】

● nach「～へ向かって、～の後で、～にしたがって」

⇨ Fahren Sie auch nach Deutschland?

あなたもドイツへ行かれるのですか？【auch ～もまた、s Deutschland ドイツ】

⇨ Nach dem Essen mache ich ein Nickerchen.

食事の後私は居眠りする。【s Essen 食事、machen する、s Nickerchen 居眠り】

⇨ Wir lernen strikt nach dieser Grammatik.

私たちは厳格にこの文法書にしたがって学びます。【lernen 学ぶ、strikt 厳格な、

● **von**「〜から、〜の、〜によって、〜について」

⇨ **Sie kommt direkt von der Uni.**

　彼女は直接大学から来ます。【direkt 直に、e Uni (versität) 大学】

⇨ **Der Besitz von Waffen ist illegal.**

　武器の所持は違法です。【r Besitz 所有、d Waffen ＜ e Waffe 武器、illegal 違法の】

⇨ **Das Publikum ist von dieser Sängerin begeistert.**

　聴衆はこの歌手によって感動させられた。【s Publikum 聴衆、e Sängerin 歌手、

　begeistert 感動した】

⇨ **Von dieser Sache hört man hier nie etwas.**

　このことについて当地の人々は何も聞いていない。【e Sache こと、hören 聞く、

　nie etwas 何も〜でない】

前置詞と定冠詞の融合形

慣例的に前置詞と定冠詞ではしばしば次のような融合形が用いられます。vom＜von dem、zur＜zu der、zum＜zu dem、beim＜bei dem、fürs＜für das、durchs＜durch das

両者は全く同じではなく、定動詞が独立して使われた方が指示が明確になります。Ich gehe zum Arzt.（私は医者へ行く。）Ich gehe zu dem Arzt.（私は例の医者のところへ行く。）

● **zu**「〜へ、〜の時に」

⇨ **Gehst du mit zu der Veranstaltung?**

　一緒にそのイベントへ行く？【mit 一緒に（副詞）、e Veranstaltung イベント】

⇨ **Wir fahren nach Frankfurt zur Oma.**

　私たちはフランクフルトのおばあちゃんの所へ行きます。【e Oma おばあちゃん】

⇨ **Zu Weihnachten sind wir wieder alle zusammen.**

　クリスマスには私たちはまた全員集まります。【s Weihnachten クリスマス、

wieder 再び、zusammen 一緒に】

● bei「～のそばに、～のもとで、～で（組織）」

⇨ **Das Kloster ist gleich bei der Kirche.**

その修道院は教会のすぐそばにあります。【s Kloster 修道院、gleich すぐ、

e Kirche 教会】

⇨ **Er wohnt bei den Eltern.**

彼は両親のところに住んでいます。【d Eltern 両親】

⇨ **Sie arbeitet bei einem Verlag.**

彼女はある出版社で働いています。【r Verlag 出版社】

● seit「～の時以来、（これまで）～の期間」

⇨ **Seit Kriegsende ist hier alles wieder normal.**

戦争が終わってから、ここではすべてが正常に戻った。【s Kriegsende 終戦、

normal 普通の】

⇨ **Dieses Gebäude steht hier seit 200 Jahren.**

この建物は200年前からここに建っています。【s Gebäude 建物、d Jahre ＜ s Jahr

年】

● ab「～から」

⇨ **Ab morgen machen wir Urlaub.**

明日から私たちは休暇を取ります。【Urlaub machen 休暇を取る】

⇨ **Der Zug fährt ab Kiel.**

その列車はキール発です。【r Zug 列車】

4格支配の前置詞（4格の名詞と使われる前置詞）

▶ B15

● für「～のために、～と交換で」

⇨ **Das lernt man für die Prüfung.**

これを試験のために勉強します。【e Prüfung 試験】

⇨ **Wir verkaufen es für 10 Euro.**

私たちはそれを10ユーロで売ります。【r Euro ユーロ】

● **durch**「〜を通り抜けて、〜の中をくまなく」

⇨ **Er kommt durch die Tür.**

彼はドアを通ってきます。【e Tür ドア】

⇨ **Wir gehen durch den Wald.**

私たちは森の中を歩き回る。【r Wald 森】

● **gegen**「〜に逆らって、〜に対抗して、(時間表現で)〜頃」

⇨ **Die Fische schwimmen gegen den Strom.**

魚が流れに逆らって泳ぐ。【d Fische < r Fisch 魚、r Strom 流れ】

⇨ **Sie protestieren gegen diese Behandlung.**

彼らはこの扱いに対して抗議しています。【protestieren 抗議する、e Behandlung 扱い】

⇨ **Wir erwarten Sie gegen 19 Uhr.**

私たちはあなたを19時頃お待ちしています。【erwarten 待つ】

● **um**「〜の周りをぐるりと(時間表現で)〜時に、〜の単位で」

⇨ **Wir fahren um die Stadt herum.**

私たちは街の周りをぐるりと走行します。【e Stadt 街、herum ぐるりと】

⇨ **Die Bahn fährt um 12 Uhr 15.**

その電車は12時15分に出ます。【e Bahn 電車】

⇨ **Der Felsen überragt das Haus um 20 Meter.**

岩が20メートルの高さで家の上にそびえている。【r Felsen 岩壁、überragen そびえる】

● **entlang**「〜に沿って(4格支配で後置されるのが普通ですが、2格支配でも使われます)」

⇨ **Die Straße entlang stehen viele Bäume.**

通りに沿ってたくさんの木が立っています。【e Straße 道路、d Bäume < r Baum 木】

⇨ **Entlang des Rheins führt ein Radweg.**

ライン川に沿ってサイクリングロードが通っています。【r Rhein ライン川、führen

通じている、r Radweg 自転車専用道路】

● **ohne**「〜なしで」

⇨ **Ohne Strom funktioniert dieses Gerät nicht.**

電気なしではこの機械は作動しません。【r Strom 電流、funktionieren 動く、

s Gerät 機器】

⇨ **Diesen Text versteht man auch ohne Übersetzung.**

このテキストを翻訳なしでも理解できます。【r Text テキスト、verstehen 理解す

る、man（一般人称の）人、e Übersetzung 翻訳】

● **bis**「〜まで」

⇨ **Auf Wiedersehen, bis morgen!**

さようなら、明日またね！（直訳：明日まで）【morgen 明日】

⇨ **Bis Okayama fahren wir mit dem Shinkansen.**

岡山まで私たちは新幹線で行きます。【r Shinkansen 新幹線】

＊ **bis** はしばしば他の前置詞と一緒に使われることがあります。

bis zu…、bis nach…、

この場合、格支配は最後に置かれる前置詞の支配を受けます。

⇨ **Ich lese es bis zum Ende.**

私はそれを最後まで読みます。【lesen 読む、s Ende 終わり】

⇨ **Sie segeln bis nach Amerika.**

彼らはアメリカまで帆走する。【segeln 帆走する】

（ここに冒頭の再生アイコン）

練習問題

練習 11a 3格支配の前置詞を使う問題です。必要な場合は（　）内に適切な語尾を補い、和訳してみましょう。

（1）Sie fährt mit d（　　　）Fahrrad.

【fahren 行く、s Fahrrad 自転車】

（2）Funktioniert das mit dies（　　　）Batterien?

【funktionieren 作動する、d Batterien ＜ e Batterie 電池】

（3）Die Katze spielt mit d（　　　）Gummimaus.

【e Katze 猫、spielen 遊ぶ、e Gummimaus ゴムのネズミ】

（4）Der Zug kommt aus d（　　　）Tunnel.

【r Zug 列車、r Tunnel トンネル】

（5）Dieses Taschenmesser kommt aus d（　　　）Schweiz.

【s Taschenmesser ポケットナイフ、e Schweiz スイス】

（6）Das stammt aus d（　　　）Mittelalter.

【stammen 由来する、s Mittelalter 中世】

（7）Das geht nach d（　　　）Regel.

【gehen 進んでいる、e Regel 規則】

（**8**）Nach Vertragsabschluss ist keine Änderung möglich.

【r Vertragsabschluss 契約締結、e Änderung 変更、möglich 可能な】

（**9**）Wir fahren nach Zürich.

（**10**）Das ist von d（　　）Herstellerfirma vorgegeben.

【e Herstellerfirma メーカー、vorgegeben 指定されている】

（**11**）Diese Information habe ich von ein（　　）Vertrauensperson.

【e Information 情報、e Vertrauensperson 信頼できる人物】

（**12**）Von Köln nach Aachen ist es nicht weit.

【weit 遠い】

（**13**）Zum Abendessen trinken wir eine Flasche Rotwein.

【s Abendessen 夕食、e Flasche ボトル、r Rotwein 赤ワイン】

（**14**）Wohin gehen wir? － Nach Shibuya zum Hachiko.

（**15**）Das wird langsam zu ein（　　）Problem.

【werden なる、langsam ゆっくりと、s Problem 問題】

（**16**）Sie übernachtet gern bei uns.

【übernachten 泊まる】

---

(17) Beim Einschlafen höre ich gern Musik.

【s Einschlafen 寝入ること、hören 聞く、e Musik 音楽】

(18) Das stört beim Arbeiten.

【stören 邪魔になる、s Arbeiten 作業】

(19) Seit Wochen ist er krank.

【d Wochen ＜ e Woche 週、krank 病気の】

(20) Seit dies(　　　) Zeit haben alle das Wahlrecht.

【alle 全ての人、s Wahlrecht 選挙権】

(21) Seit d(　　　) Tag sprechen sie nicht mehr miteinander.

【r Tag 日、sprechen 話す、nicht mehr もはや〜でない、miteinander お互いに】

(22) Ab Montag arbeiten wir wieder zusammen.

【r Montag 月曜日、wieder 再び、zusammen 一緒に】

(23) Ab 12 Uhr ist Mittagspause.

【… Uhr …時、e Mittagspause 昼休み】

(24) Der Zug fährt ab München.

【r Zug 列車、fahren 走る】

▶

練習11b 4格支配の前置詞を使う問題です。必要な場合は（　）内に
適切な語尾を補い、和訳してみましょう。

（1）Er schreibt für ein(　) Sender und für ein(　) Zeitung.

【schreiben 書く、r Sender 放送局、e Zeitung 新聞】

___

（2）Die Schokolade ist für Oma.

【e Schokolade チョコレート】

___

（3）Der Wind pfeift durch d(　) Fenster.

【r Wind 風、pfeifen ひゅうひゅう鳴る、s Fenster 窓】

___

（4）Das geht nur durch Üben und Üben!

【gehen うまく行く、nur 〜だけ、s Üben 練習】

___

（5）Wir sind gegen solch(　) Politik.

【e Politik 政策】

___

（6）Gegen 100 Leute warten draußen.

【d Leute 人々、warten 待つ、draußen 戸外で】

___

（7）Das Geschäft ist gleich um d(　) Ecke.

【s Geschäft 店、gleich すぐ、e Ecke 角】

___

（8）Die Uhr schlägt um Mitternacht.

【e Uhr 時計、schlagen 打つ、e Mitternacht 真夜中】

___

(**9**) Entlang d（　　）Grenze verläuft eine Straße.

【e Grenze 国境、verlaufen 走っている、e Straße 道路】

(**10**) Dieser Automat funktioniert ohne Bargeld.

【r Automat 自動販売機、funktionieren 機能する、s Bargeld 現金】

(**11**) Ohne Organisation wird es schwierig.

【e Organisation 組織化、schwierig 難しい】

(**12**) Bis jetzt ist alles in Ordnung.

【jetzt 今、alles 全てのこと、in Ordnung 順調】

(**13**) Dieser Zug geht bis Ueno.

【r Zug 列車、gehen 行く】

12

前置詞 2

vormittags in die UB und mittags in der Mensa

午前中は大学図書館へ、お昼は学食で

B16

3格・4格支配の前置詞

　この章で扱われる9つの前置詞は、主として空間表現に関わりますが、一緒に使われる動詞の性格によって3格支配になったり、4格支配になったりします。やや抽象的な言い方になりますが、「状態や限られた範囲内の動き」を表す動詞（sein、bleiben、sitzen、stehen、arbeitenなど）と用いられると3格支配となり、「移動・変化・成長」のようなある方向性を持った動きを表す動詞（gehen、fahren、legen、tragenなど）と用いられると4格支配となります。

　「in」を例にして3・4格の相違を見てみましょう。

1) Ich bin in der Küche.

　　キッチンにいます。【e Küche キッチン】

2) Ich gehe in die Küche.

　　キッチンへ行きます。

　1）では前置詞inが3格を取り、2）では4格を取っています。意味としては「キッチン（の中）にいる」と「キッチン（の中）へ行く」となり、「状態」と「移動」の違いが見てとれます。同様の例としては、

3) Ich arbeite in der Küche.

　　私はキッチンで働いています。

4) Ich lege die Sachen in den Schrank.

　　私はそれらのものを戸棚の中に入れます。【d Sachen ＜ e Sache もの、r Schrank 戸棚】

このグループに属する9つの前置詞を、順番に主な使用例と共に見ていきましょう。

● in「〜の中で、〜の中へ」

⇨ **Die Schüler gehen in die Schule.**

生徒達は学校へ行きます。【e Schule 学校】

⇨ **In diesem Park ist ein Kinderspielplatz.**

この公園には子どもの遊び場があります。【r Park 公園、r Kinderspielplatz 児童公園】

● auf「〜の上で、〜の上へ」

⇨ **Das Essen steht auf dem Tisch.**

食事はテーブルの上にあります。【s Essen 食べ物、r Tisch 机】

⇨ **Er stellt die Teller auf den Tisch.**

彼は皿をテーブルの上へ置きます。【stellen 置く、d Teller ＜ r Teller 皿】

● unter「〜の下で、〜の下へ」

⇨ **Wir leiden unter der Hitze.**

私たちは熱暑の下で苦しんでいます。【leiden 苦しむ、e Hitze 熱暑】

⇨ **Wir legen das unter den Tisch.**

私たちはそれを机の下へ置きます。【legen 置く、r Tisch 机】

● an「〜に接して、〜の際で、〜の際へ」

⇨ **Das Fahrrad steht an der Wand.**

自転車が壁際へある。【s Fahrrad 自転車、stehen 立っている、e Wand 壁】

⇨ **Ich hänge das Bild an die Wand.**

私はその絵を壁に掛ける。【hängen 掛ける、s Bild 絵】

● vor「〜の前で、〜の前へ」

⇨ **Die Schuhe stehen vor der Tür.**

靴がドアの前に置いてある。【d Schuhe ＜ r Schuh 靴、e Tür ドア】

⇨ **Wir stellen den Sperrmüll vor die Tür.**

私たちはその粗大ゴミをドアの前へ置きます。【r Sperrmüll 粗大ゴミ】

● hinter「〜の後ろで、〜の後ろへ」

⇨ Er steht hinter der Theke.

彼はカウンターの後ろにいます。【e Theke カウンター】

⇨ Ich stelle die Harke hinter das Haus.

熊手は家の裏へ置こう。【e Harke 熊手】

● über「〜の上空に、〜を超えて」

⇨ Über den Wolken scheint immer die Sonne.

雲の上にはいつも太陽が輝いている。【d Wolken ＜ e Wolke 雲、scheinen 輝く、

e Sonne 太陽】

⇨ Die Vögel fliegen über das Feld.

小鳥たちが畑の上を飛びすぎる。【fliegen 飛ぶ、s Feld 畑】

● neben「〜の隣で、〜の隣へ」

⇨ Der Pfeffer ist im Schrank neben dem Salz.

胡椒は食器棚の中、塩の隣にあります。【r Pfeffer 胡椒、im ＝ in dem（以下の「前置

詞と定冠詞の融合形」参照）、s Salz 塩】

⇨ Sie schreibt einen Kommentar neben den Text.

彼女はテキストの横へコメントを書いている。【schreiben 書く、r Kommentar コ

メント、r Text テキスト】

● zwischen「〜の間で、〜の間へ」

⇨ Samstag ist der Tag zwischen Freitag und Sonntag.

土曜日は、金曜日と日曜日の間の日です。【r Samstag 土曜日、r Tag 日、r Freitag

金曜日、r Sonntag 日曜日】

⇨ Man gerät zwischen zwei Fronten.

2つの前線の間に挟まれてしまう。【geraten 入り込む、d Fronten ＜ e Front 前線】

前置詞と定冠詞の融合形 ▶

　このグループの前置詞でも融合形が慣例的に用いられます。

　im＜in dem、ins＜in das、aufs＜auf das、ans＜an das

● **im ＜ in dem**

⇨ **Wir wohnen im Wald.**

　私たちは森の中に住んでいます。【r Wald 森】

● **ins ＜ in das**

⇨ **Der Ball rollt ins Tor.**

　ボールはゴールの中へ転がり込む。【r Ball ボール、rollen 転がる、s Tor ゴール】

● **aufs ＜ auf das**

⇨ **Wir stellen schon mal den Topf aufs Feuer.**

　とりあえず鍋を火の上へかけましょう。【schon mal まず、r Topf 鍋】

● **ans ＜ an das**

⇨ **Wir stellen die Blumen ans Fenster.**

　花を窓際へ置きます。【stellen 置く、d Blumen ＜ e Blume 花、s Fenster 窓】

練習 12a　3格・4格の違いに留意して和訳してみましょう。

（1）In der Schachtel ist noch Schokolade.

【e Schachtel 箱、noch まだ、e Schokolade チョコレート】

（2）In der Pause mache ich ein Schläfchen.

【e Pause 休憩、s Schläfchen 居眠り】

（3）Sie suchen im Wald Beeren und Pilze.

【suchen 探す、r Wald 森、d Beeren ＜ e Beere ベリー類、d Pilze ＜ r Pilz きのこ】

（4）Die Omas gehen sonntags immer in die Kirche.

【d Omas ＜ e Oma、sonntags 日曜日には、immer いつも、e Kirche 教会】

（5）Da sitzt eine Katze auf dem Dach.

【sitzen 座っている、e Katze 猫、s Dach 屋根】

（6）Wir gehen mit der Familie auf eine Ferienreise.

【e Ferienreise 休暇旅行】

（7）Wir wohnen auf dem Land.

【wohnen 住んでいる、s Land 田舎】

（ 8 ） Das ist auf Deutsch geschrieben.

【s Deutsch ドイツ語、geschrieben 書かれている】

（ 9 ） Das liegt unter der Zeitung.

【liegen ある、e Zeitung 新聞】

（10） Unter den Leuten ist nur ein Japaner.

【d Leute 人々、nur たった、r Japaner 日本人】

（11） Wir bauen die Garage unter das Haus.

【bauen 建てる、e Garage ガレージ、s Haus 家】

（12） Bei Regen gehen Sie bitte unter die Brücke.

【r Regen 雨、bitte＝英語 *please*、e Brücke 橋】

（13） Sie hängt das Handtuch an den Haken.

【hängen 掛ける、s Handtuch タオル、r Haken フック】

（14） Das Hotel ist an einem See.

【s Hotel ホテル、r See 湖】

（15） Er schreibt eine Mail an den Chef.

【schreiben 書く、e Mail メール、r Chef 上司】

（16） Die Schulkinder warten an der Bushaltestelle.

【d Schulkinder ＜ s Schulkind 生徒、warten 待つ、e Bushaltestelle バス停】

（17） Vor dem Essen beten sie immer.

【s Essen 食事、beten 祈る】

（18） Das Fahrrad steht vor dem Zaun.

【s Fahrrad 自転車、r Zaun フェンス】

（19） Regnet es? Ich gehe mal kurz vor die Tür.

【es regnet 雨が降る、mal kurz ちょっと、e Tür ドア】

（20） Das erledigen wir noch vor den Weihnachtsferien.

【erledigen 片付ける、d Weihnachtsferien クリスマス休み】

（21） Die Schauspieler warten hinter der Bühne.

【d Schauspieler ＜ r Schauspieler 俳優、e Bühne 舞台】

（22） Die Kühe weiden hinter dem Zaun.

【d Kühe ＜ e Kuh 牛、weiden 草を食む、r Zaun 柵】

（23） Was liegt wohl hinter dem Horizont?

【liegen 横たわっている、ある、wohl 一体、r Horizont 地平線】

（24）Wir werfen die Küchenreste einfach auf den Kompost hinter dem Haus.

【werfen 投げる、d Küchenreste ＜ r Küchenrest キッチンの生ゴミ、einfach そのまま、r Kompost コンポスト】

（25）Nebel hängt über dem Tal.

【r Nebel 霧、hängen かかっている、s Tal 谷】

（26）Über den Wolken ist die Freiheit grenzenlos.

【d Wolken ＜ e Wolke 雲、e Freiheit 自由、grenzenlos 無限に】

（27）Was steht in der Zeitung über den Unfall?

【stehen ある、e Zeitung 新聞、r Unfall 事故】

（28）Er legt eine Decke übers Bett.

【legen 掛ける、e Decke 毛布、s Bett ベッド】

（29）Neben dem Gleis stehen Schafe auf der Weide.

【s Gleis 線路、d Schafe ＜ s Schaf 羊、d Weide 牧場】

（30）Neben seiner Arbeit hat er noch einen Mitternachtsjob.

【e Arbeit 仕事、r Mitternachtsjob 深夜作業】

（31）Wir stellen die Vase neben das Klavier.

【stellen 置く、e Vase 花瓶、s Klavier ピアノ】

(32) Neben dem Studium jobbt sie in einer Anwaltskanzlei.

【s Studium 学業、jobben バイトする、e Anwaltskanzlei 法律事務所】

(33) Zwischen den Vorlesungen gehen wir in die Mensa.

【d Vorlesungen＜e Vorlesung 講義、e Mensa 学食】

(34) Zwischen den Bäumen sind Spinnweben.

【d Bäume＜r Baum 木、d Spinnweben＜e Spinnwebe 蜘蛛の巣】

(35) Zwischen Frühling und Sommer blühen viele Blumen.

【r Frühling 春、r Sommer 夏、blühen 咲く、d Blumen＜e Blume 花】

(36) Die Vermittlung zwischen zwei Kulturen ist nicht einfach.

【e Vermittlung 仲介、d Kulturen＜e Kultur カルチャー、einfach 簡単な】

13

人称代名詞の格変化

Wir sehen ihn ziemlich oft.

私たちは彼とよく会います。

B17

人称代名詞と格変化

　これまで、ich、du、wir、er、sieといった代名詞を使ってきましたが、これらの代名詞は主として人間を指すことから、人称代名詞と呼ばれます。主語としてばかりでなく、目的語としても使われます。そうであれば、当然のこと格変化をします。この章では、代名詞の格変化について学びます。まず、下の表をご覧ください。

＊文法用語で代名詞はその役割に応じて、人称代名詞、関係代名詞、指示代名詞などと呼ばれます。人称代名詞はその中でも最もよく使われる代名詞と言えます。

		1人称	2人称	3人称			2人称（敬称）
単数	1格	ich	du	er	sie	es	Sie
	2格	meiner	deiner	seiner	ihrer	seiner	Ihrer
	3格	mir	dir	ihm	ihr	ihm	Ihnen
	4格	mich	dich	ihn	sie	es	Sie
複数	1格	wir	ihr	sie			Sie
	2格	unser	euer	ihrer			Ihrer
	3格	uns	euch	ihnen			Ihnen
	4格	uns	euch	sie			Sie

具体的な使われ方を見てみましょう。

⇨ **Ich besuche dich morgen.**

私は君を明日訪ねます。【besuchen 訪ねる】

⇨ **Ich sehe euch ab und zu.**

私は時々君たちを見かけます。【sehen 見る、ab und zu 時々】

⇨ **Liebst du mich? – Ja, ich liebe dich sehr.**

愛してる？―うん、とても愛してるよ。【lieben 愛する、sehr とても】

⇨ **Magst du ihn? – Ja, ich mag ihn eigentlich.**

彼のこと好き？―うん、結局は好きなんだね。【mögen 好きだ、eigentlich 要するに】

⇨ **Lernen Sie Deutsch? – Ja, aber wir lernen es noch nicht so lange.**

ドイツ語を学ばれているのですか？―はい、ただまだそれ程長く勉強しているわけではありません。【aber でも、noch まだ、so そんなに、lange 長く】

⇨ **Begleiten Sie mich?**

私と一緒に来られますか？【jn begleiten 人⁴について行く】

⇨ **Essen die Kinder gern Pizza? – Ja, sie essen sie gern.**

子ども達はピザが好き？―はい、とても好きです。【e Pizza ピザ】

⇨ **Fragst du sie? – Nein, ich frage sie lieber nicht.**

彼女に聞いたら？―いや、できれば彼女には聞きたくないなぁ。【jn fragen 人⁴に尋ねる、lieber nicht できれば～したくない】

⇨ **Kennst du den Roman? – Ja, ich lese ihn gerade.**

その小説読んだことある？―うん、今読んでいるところだ。【kennen 知っている、r Roman 長編小説、lesen 読む、gerade ちょうど今】

⇨ **Man sucht euch schon lange.**

みんなが君たちのことずっと探しているよ。【suchen 探す、schon lange もう長いこと】

⇨ **Siehst du es auch?**

君にもそれが見えるかい？【sehen 見える、auch ～もまた】

⇨ **Das ist mein PC. Ich brauche** ihn **heute.**

これは私のパソコンです。今日それが必要なんです。【r PC パソコン、brauchen 必要とする、heute 今日】

⇨ **Wir verstehen** ihn **nicht.**

私たちは彼の言っていることがわからない。【verstehen 理解する】

⇨ Uns **ist das egal.**

それは我々にはどうでもよいことさ。【egal どうでもよい】

⇨ **Helfen Sie** mir?

私に手を貸してくれますか？【jm helfen 人³を手伝う】

⇨ Mir **ist kalt.**

私には寒く感じられるけど。【kalt 寒い】

人称代名詞と性別

▶ B18

　格の使い方は普通名詞と同じですが、ドイツ語では代名詞を使うときに、人か物かに関係なく、**男性名詞はerで受け、女性名詞はsie（彼女）で受け、中性名詞はesで受け、複数形ではsie（彼ら）で受けます。**

男性 Haben Sie einen Bruder? – Ja, er **ist Pianist.**

ご兄弟はいらっしゃる？―はい、ピアニストです。【r Bruder 兄弟、r Pianist ピアニスト】

女性 Hast du eine Katze? - Ja, sie **heißt Mimi.**

猫を飼ってるの？―うん、ミミっていうんだ。【e Katze 猫、heißen 〜という名である】

中性 Hast du ein Fahrrad? - Ja, es **ist ganz neu.**

自転車持ってる？―うん、真新しいヤツ。【s Fahrrad 自転車、ganz 全く、neu 新しい】

2格の使い方

　この表にある2格は要注意です。英語では「私の〜」「君の〜」と言う

とき、*my*、*your*など、代名詞の所有格（≒2格）を使いますが、ドイツ語ではこのようなとき、冠詞の一つである所有冠詞を使いました（10章参照）。では、この表にある2格はどんなとき使われるのでしょうか？**それは代名詞の2格が要求されるとき、例えば2格支配の前置詞と結びつくときです。**

statt des Freundes（その友人の代わりに）→ **statt seiner**（彼の代わりに）

ここでは、友人を代名詞で受けると「彼」になりますが、stattは2格支配の前置詞なので、「彼」は2格である必要があります。したがってerの2格であるseinerとなるわけです。ただし、実際には話し言葉で人称代名詞の2格はほとんど使われません。

● da + 前置詞の用法

名詞を後続の文章で代名詞に置き換える場合、名詞の性・数・格に一致する代名詞を選びます。

⇨ **Fährst du mit deinem Freund nach Berlin?**

君は友達とベルリンへ行くの？【r Freund 友人】

→ **Ja, ich fahre mit ihm nach Berlin.**

ここで代名詞が前置詞と一緒に使われるとき、その代名詞が「人・動物・生き物」を指さず、「物・事」を指す場合、「da + 前置詞」という形を使うというルールがあります。

上の例と次の例を比較してみてください。

⇨ **Fährst du mit dem Bus nach Berlin?**

君はバスでベルリンへ行くの？【r Bus バス】

→ **Ja, ich fahre damit nach Berlin.**

＊da + 前置詞にする場合、前置詞がa、i、uなどの母音で始まるときはdaと前置詞の間に口調を整える「r」を補います。darauf、darin、daran

＊＊この用法で、daは一つの名詞だけでなく、フレーズや文、さらには

それ以前に話されたこと全体を指す場合もあります。

⇨ **Wir haben eine Krise. Davon rede ich die ganze Zeit.**

もう危機的な状況だ。そのことについてずっと話してるんだ。【e Krise 危機、
reden しゃべる、die ganze Zeit ずっと】

⇨ **Die Pandemie ist endlich vorbei. Darauf warten wir schon lange.**

パンデミックがようやく終わった。それを待ちに待っていました。【e Pandemie
パンデミック、endlich やっと、vorbei 過ぎ去った、auf et[4] warten 物[4]を待つ、
schon lange 長いこと】

● 3格・4格目的語の語順について

3格と4格の目的語の語順には、以下のような一般原則があります。

1) 目的語が共に普通名詞（固有名詞を含む）の場合は、3格、4格の順

   Er gibt dem Vogel Futter.

   彼は小鳥に餌をやる。【s Futter 餌】

2) 目的語が共に代名詞の場合は、4格、3格の順

   Er gibt es ihr.

   彼はそれを彼女に渡す。

3) 目的語に普通名詞と代名詞が混在する場合は、格に関係なく代
   名詞が先

   Sie schenkt ihm ein Fahrrad.

   彼女は彼に自転車をプレゼントする。【schenken 贈る、s Fahrrad 自転車】

   Wir schicken es unserer Tochter.

   私たちはそれを娘に送ります。【schicken 送る、e Tochter 娘】

練習問題

▶

練習13a 和文を参考に、（　）内に適切な形の人称代名詞を入れてみ
ましょう。

（1）Sie fragen（　　　　）etwas.

　　彼らは君に何か聞いているよ。【jn fragen 人⁴に尋ねる、etwas 何か】

（2）Der Chef dankt（　　　　）.

　　主任は彼女に感謝しています。【r Chef 主任、jm danken 人³に感謝する】

（3）Wir kennen（　　　　）.

　　私たちは彼を知っています。【kennen 知っている】

（4）Natürlich helfen wir（　　　　）.

　　もちろん私たちは君たちに手を貸しますよ。【natürlich もちろん】

▶

練習13b 和文を参考に、前置詞にふさわしい人称代名詞を（　）内に
入れてみましょう。

（1）Ist das schwer für（　　　　）?

　　それは君たちには難しい？【schwer 難しい】

（2）Sie geht mit（　　　　）ins Kino.

　　彼女は彼と映画に行きます。【ins Kino gehen 映画を見に行く】

（3）Geht ihr zusammen mit（　　　　）?

　　君たちは私たちと一緒に行く？【zusammen 一緒に】

（4）Sie stimmen alle gegen（　　　　）.

　　彼らは揃って彼に反対票を投じる。【stimmen 投票する】

▶

練習 13c ふさわしい人称代名詞を（　）内に入れてみましょう。

（1）Sie machen （　　　　）ohne （　　　　）.

　　彼らはそれを私抜きでやります。【machen する】

（2）Sie spielt schon eine Stunde mit （　　　　）.

　　彼女はもう1時間もあの坊や（er）と遊んでいる。【spielen 遊ぶ、e Stunde 時間】

（3）Außer （　　　　）geben sie auch （　　　　）einen Job.

　　彼らは私ばかりか、彼にも仕事をくれます。【r Job 仕事】

（4）Deinetwegen verlässt sie （　　　　）!

　　あんたのせいで、彼女は彼と別れるんだ!【deinetwegen 君のせいで、jn verlassen 人⁴を離れる】

▶

練習 13d 文章中で前置詞と融合しているdaは何を指しているでしょうか？ その箇所にアンダーラインをつけてみましょう。

（1）Das ist mein Traumauto. Ich träume oft davon.

　　これが私の理想の車だ。よくその車のことを夢見るよ。【s Traumauto 理想の車、von et³ träumen 物³を夢見る、oft ＝ 英語 *often*】

（2）Wo ist der Hamster? Im Hamsterrad. Er läuft darin.

　　ハムスターはどこにいるの？ – 輪の中さ。その中で走ってるよ。【r Hamster ハムスター、s Hamsterrad 回し車、laufen 走る → du läufst、er läuft】

（3）Wo ist meine Brille? – Du sitzt darauf.

　　私の眼鏡はどこ? – 君はその上に座ってるよ。【e Brille 眼鏡、sitzen 座る】

（4）Freiheit, Gleichheit, Brüderlichkeit! Dafür demonstrieren wir.

　　自由、平等、博愛! そのために我々はデモをしています。【e Freiheit 自由、e Gleichheit 平等、e Brüderlichkeit 博愛、demonstrieren デモをする】

14 助動詞の使い方と知覚動詞

Das kann ich gut verstehen.
私には良く理解できます。

B19

助動詞とその使い方

　ドイツ語には英語の「*can*」「*must*」などのように、本動詞と一緒に用いて「〜できる」とか「〜しなければならない」といった意味を付け加える助動詞が6つあります。この課では、これらの助動詞の使い方を学びます。とりあえずkönnen「〜できる」とmüssen「〜しなければならない」の具体例を見てみましょう。

⇨ **Er kann sehr gut Tennis** spielen.

　彼はテニスをするのがうまい。

⇨ **Können Sie das auch** sehen?

　あなたにもそれが見えますか？【sehen 見る】

⇨ **Wir** müssen **schon** gehen.

　我々はもう行かなければならない。【schon すでに】

⇨ **Du musst jetzt** fahren.

　君はもう行かなくちゃ。【jetzt 今】

　上の例を見て、注目していただきたいことが2つあります。

1) 本動詞が不定詞の形で、助動詞が人称変化しています。助動詞を使う構文にはこの他に現在完了形や受動形などがありますが、いずれの場合も助動詞が人称変化します（つまり定動詞となります）。英語でも現在完了形や受動形では助動詞が一部人称変化していました（*I have done it. He has done it. / I am rewarded. She is rewarded.*）。

2）助動詞と本動詞は離れた位置に置かれます。助動詞が人称変化して
定動詞の役割を担うため、助動詞は定動詞の決められた位置に置か
れますが、それに対して本動詞は文末に置かれます。

平叙文　Ich muss das täglich wiederholen.

私はそれを毎日繰り返す必要がある。【täglich 毎日、wiederholen 繰り返す】

	助動詞（定動詞）		本動詞
Ich	**muss**	das täglich	wiederholen.

疑問文　Können Sie das verstehen?

あなたはそれを理解できますか？【verstehen 理解する】

Musst du schon gehen?

君はもう行かなくちゃいけないの？

助動詞（定動詞）		本動詞
Können	**Sie das**	verstehen?
Musst	**du schon**	gehen?

疑問詞付き疑問文　Wo kann man hier parken?

ここではどこに駐車できますか？【parken 駐車する】

Warum muss er das tun?

なぜ彼はそれをする必要がある？【tun する】

疑問詞	助動詞（定動詞）		本動詞
Wo	kann	man hier	parken?
Warum	muss	er das	tun?

このルールは、現在完了形・受動形など助動詞を含む構文には全てあてはまります。

助動詞の現在人称変化

さて、それでは6つの助動詞（können、müssen、dürfen、wollen、sollen、mögen）について見ていきましょう。まず以下の変化表をご覧ください。

	～してもよい	～できる ～は可能だ	～かもしれない ～はどう？	～せざるをえない ～にちがいない	～すべきだ ～だそうだ	～するつもりだ
	dürfen	können	mögen	müssen	sollen	wollen
ich	darf	kann	mag	muss	soll	will
du	darfst	kannst	magst	musst	sollst	willst
er/sie/es	darf	kann	mag	muss	soll	will
wir	dürfen	können	mögen	müssen	sollen	wollen
ihr	dürft	könnt	mögt	müsst	sollt	wollt
sie/Sie	dürfen	können	mögen	müssen	sollen	wollen

上の表には各助動詞のよく使われる意味を書き入れてあります。ただし、助動詞は微妙なニュアンスを動詞の意味に添加するので、テキストの前後関係から、意味の違いを判断するしかありません。助動詞の使い方を身につけるには、以下に示すような例文とともに記憶するのがベストです。

● **können**（コェンネン）「a）〜できる、b）〜は可能だ、c）〜の可能性がある」

⇨**Kannst du das schnell erledigen?**

　君はそれを急いで処理することができる？【schnell 急いで、erledigen 処理する】

⇨**Ihr könnt später kommen.**

　君たちはあとから来てもいい。【später 後ほど】

⇨**Heute kann es schneien.**

　今日は雪が降るかもしれない。【schneien（esを主語として）雪が降る】

● **müssen**（ミュッセン）「a）〜せざるを得ない、b）〜に違いない」

⇨**Wir müssen gleich gehen.**

　私たちはすぐに行かなきゃならない。【gleich すぐに】

⇨**Sie muss noch Hausaufgaben machen.**

　彼女はまだ宿題をやらなければならない。【noch まだなお、d Hausaufgaben <

　e Hausaufgabe 宿題】

⇨**Das muss der Postbote sein.**

　あれは郵便屋さんに違いない。【r Postbote 郵便集配人】

● **dürfen**（デュルフェン）「〜してよい」

⇨**Darf man hier rauchen?**

　ここでタバコが吸えますか？【man（一般人称の）人、rauchen 喫煙する】

⇨**Wir dürfen alles benutzen.**

　私たちはすべて利用してよいのです。【benutzen 利用する】

⇨**Ihr dürft auch mitspielen.**

　君たちも一緒にプレーしていいよ。【auch 〜もまた、mitspielen 一緒にプレーする】

● **wollen**（ヴォレン）「〜するつもりだ、ぜひ〜したい」

⇨**Sie wollen nächste Woche kommen.**

　彼らは来週来るつもりです。【nächste Woche 来週、kommen 来る】

⇨**Wir wollen ihn morgen wieder treffen.**

　私たちは彼と明日また会うつもりです。【morgen 明日、wieder 再び、jn treffen 人⁴

に会う】

⇨Wollen wir heute mal online spielen?

今日はオンラインでゲームしない？【mal ちょっと、online オンラインで、spielen
ゲームする】

（Wollen wir…? の形はこのように提案するとき用いられます。「〜しませんか？」）

● sollen（ゾレン）「a) 〜すべきだ、〜するように言われている、b) 〜だ
そうだ」

⇨Soll ich den Müll rausbringen?

私はゴミを外へ出せばいいですか？【r Müll ゴミ、rausbringen 外に出す】

⇨Ich soll das hier abgeben.

私はこれをここで渡すように言われている。【abgeben 渡す】

⇨Morgen soll es wieder regnen.

明日また雨が降るそうです。【regnen（es を主語にして）雨が降る】

● mögen（モェーゲン）「〜かもしれない、〜はどうですか」

⇨Sie mag etwa 20 sein.

彼女は20歳くらいらしい。【etwa およそ】

⇨Das mag ein Gewitter sein.

あれは雷らしい。【s Gewitter 雷雨】

⇨Magst du noch ein Eis essen?

もう一つアイス食べたい？【s Eis アイス】

特殊な助動詞 möchte

　以上6つの助動詞の他、möchte という mögen の接続法Ⅱの形（38
章で後述）が、希望やお願いを述べるときに、しばしば用いられます。
これは mögen の変化形なので möchten という形の不定詞はありません
が、人称変化はします。使い方は上記の助動詞と同じです。

人称	〜したいのですが
ich	möchte
du	möchtest
er/sie/es	möchte
wir	möchten
ihr	möchtet
sie	möchten
Sie	möchten

● **möchte** (モェヒテ)「〜したいのですが」

⇨ **Sie möchte gern mit uns fahren.**

  彼らは私たちと一緒に行きたがっている。【gern 喜んで】

⇨ **Wir möchten auch Achterbahn fahren.**

  私たちもジェットコースターに乗りたい。【e Achterbahn ジェットコースター】

⇨ **Möchten Sie auch ein Los kaufen?**

  あなたも宝くじを買いたいのですか?【s Los 宝くじ】

助動詞構文の否定

B21

　否定文(例えば「〜することができない」)を作るとき、ごく一般的には本動詞の直前に nicht を置きます。

　(「nicht の位置」について詳しくは次の 15 章)

⇨ **Ich kann diese Maschine reparieren.**

  私はこの機械を修理できる。【e Maschine 機械、reparieren 修理する】

→ **Ich kann diese Maschine nicht reparieren.**

  私はこの機械を修理できない。

　また、強い禁止は dürfen + nicht で表現します(müssen + nicht ではあ

りません。英語との関連で間違わないように注意してください）。

⇨ **Du darfst hier nicht rauchen.**

　君はここで喫煙してはいけない。【rauchen 喫煙する】

müssen + nichtは「〜する必要はない、するには及ばない」の意味に
なります

⇨ **Du musst morgen nicht kommen.**

　君は明日来る必要はない。

助動詞の独立用法

　助動詞と結びつく動詞が容易に想像される場合は、特に日常会話にお
いて省略されることがあります。

⇨ **Ich möchte einen Tee.**

　お茶が一杯欲しい。【r Tee お茶】

⇨ **Möchten Sie noch einmal das gleiche?**

　もう一つ同じ物をご入用ですか？【noch einmal もう一度、das gleiche 同じ物】

⇨ **Er kann das alleine.**

　彼はそれを一人でできる。【alleine一人で】

⇨ **Du darfst das nicht.**

　君はそれをやってはいけない。

⇨ **Wir wollen aber nicht!**

　でも私たちはやりたくありません！【aber しかし】

⇨ **Ihr dürft das alle!**

　君たちは全員それをやって構わない！

⇨ **Eigentlich mag ich das nicht.**

　本来私はそれが好きじゃない。【eigentlich本来は】

⇨ **Du sollst das nicht!**

　君はそれをすべきじゃない！

＊この章で扱っている助動詞は、ドイツ文法でしばしば「話法の助動詞」と呼ばれますが、このネーミングは本来37章で扱う「話法」と関わり合いがあって、今は気にしなくて全く問題ありません。

未来の助動詞werden
（ヴェァデン）

「werden + 不定詞」で未来形を作ることができます。ただし注意が必要です。文法用語では「未来形」と呼ばれますが、この形は必ずしも未来を表すわけではありません。「werden + 不定詞」はむしろ、推量表現として使われるのが普通です。

⇨ **Er** wird **morgen** kommen.

彼は明日来るでしょう。

　この文は一見、未来のことを語っているように見えますが、この文のポイントは「推量」にあります。単に未来のことを語る場合、会話では現在形を用います。

⇨ **Er** kommt **morgen.**

彼は明日来ます。

　日本語の訳文にも反映されているように、「未来形」は多くの場合、話し手の推測・推量を表す文型と考えてください。そのため、未来形は現在の状況に関する推量にも使われます。

⇨ **Er** wird **wohl krank** sein.

彼は病気なのでしょう。【wohl おそらく】

　頻度は稀ですが、「未来形」の例外的な使われ方として次の用法があります。

＊主語が1人称（ich、wir）の未来形は、通常意思を表します（＝ wollen）。

⇨ **Ich** werde **das nicht** machen.

私はそれをしないつもりです。

＊＊主語が2人称（du、ihr）の未来形は、通常、逆らえない指示を表します。

⇨**Du** wirst **morgen um 8 Uhr** herkommen!

君は明日8時に来るんだよ！【herkommen やって来る】

知覚動詞について

　以上で学んだ助動詞とは使い方において全く異なりますが、本動詞の不定詞と共に使うという点で、sehen「見る（見える）」、hören「聞く（聞こえる）」など、知覚を表す動詞が存在します。最後に、これらの動詞に触れておきます。「〜するのを見る（が見える）」「〜するのを聞く（〜が聞こえる）」と言うとき、以下の例に見るように、sehen、hören と本動詞の不定詞を使います。

⇨**Hören** Sie ihn singen?

彼が歌っているのが聞こえる？

⇨**Da** sieht **man immer viele Kinder** spielen.

あそこにはいつもたくさんの子ども達が遊んでいるのが見える。【da あそこ】

⇨**Ich** sehe **sie morgens immer aus dem Haus** gehen.

毎朝いつも彼女が出かけていくのを見かけます。【morgens 朝に】

練習問題

▶

練習 14a können を使い、和文とヒントを参考に（　）内を補ってみましょう。

（ 1 ）（　　　　　）Sie（　　　　　）bitte kurz（　　　　　）?

私にちょっと手を貸していただけませんか？【bitte どうか、kurz ちょっと、helfen 手を貸す】

（ 2 ）Was（　　　　　）ich für dich（　　　　　）?

何かお手伝いできませんか？（＝私は君のために何をすることができますか？）【was 何を、tun する】

（ 3 ）（　　　　）（　　　　　）man hier（　　　　　）?

ここはどこで駐車できますか？【wo どこで、man（一般人称の）人、hier ここで、parken 駐車する】

▶

練習 14b müssen を使い、和文とヒントを参考に（　）内を補ってみましょう。

（ 1 ）Das（　　　　　）（　　　　　）bis morgen（　　　　　）.

それを君は明日までにやらなくちゃ。【morgen 明日、machen する】

（ 2 ）（　　　　）（　　　　　）（　　　　　）heute noch（　　　　　）.

彼らはそれを今日中に処理しなければならない。【heute noch 今日中に、erledigen 処理する】

（ 3 ）Das hier（　　　　）（　　　　　）（　　　　　）sein.

ここにいる人は彼の妹に違いない。【hier ここ、e Schwester 妹、sein 〜である】

▶

練習 14c dürfen を使い、和文とヒントを参考に（　）内を補ってみましょう。

（ 1 ）（　　　　）（　　　　　）wirklich（　　　　　）（　　　　　）?

私はホントに全部貰っていいの？【wirklich ほんとうに、alles 全部、behalten 自分のものにする】

(2)（　　　　）（　　　　）hier（　　　　）（　　　　）.

あなたはここで撮影してはいけません。【fotografieren 撮影する】

(3) Dahin（　　　　）（　　　　）nicht（　　　　）.

あそこへ君は行ってはいけない。【dahin あそこへ、gehen 行く】

▶

練習 14d wollenを使い、和文とヒントを参考に（　）内を補ってみましょう。

(1)（　　　　）（　　　　）noch eine Tasse Tee（　　　　）?

君たちはもう一杯お茶を飲みたくない?【noch さらに、eine Tasse Tee お茶を一杯、trinken 飲む】

(2)（　　　　）（　　　　）eigentlich nicht umziehen.

私は元々引っ越すつもりはない。【eigentlich 元々、umziehen 引っ越す】

(3)（　　　　）（　　　　）wirklich nicht（　　　　）?

君は本当にやめないつもり?【wirklich 本当に、aufhören やめる】

▶

練習 14e sollenを使い、和文とヒントを参考に（　）内を補ってみましょう。

(1)（　　　　）（　　　　）（　　　　）gleich（　　　　）?

私たちはそれをすぐに処理すべきですか?【gleich すぐに、erledigen 処理する】

(2)（　　　　）（　　　　）（　　　　）die Vase（　　　　）?

私は花瓶をどこへ置いたらいいでしょうか?【wohin どこへ、e Vase 花瓶、stellen 置く】

(3)（　　　　）（　　　　）das bis morgen（　　　　）.

彼はそれを明日までにするように言われている。【morgen 明日、machen する】

▶

練習 14f mögenを使い、和文とヒントを参考に（　）内を補ってみましょう。

(1) Viele Kinder（　　　　）keinen Spinat.

多くの子どもたちはホウレン草が好きじゃない。【d Kinder ＜ s Kind 子ども、r Spinat ホウレン草】

（**2**）（　　　）（　　　）wirklich keine Musik（　　　）?

君は本当に音楽を聴きたくないのですか?【wirklich 本当に、e Musik 音楽、hören 聴く】

（**3**）Die Leute hier（　　　）ihren Job.

ここにいる人達は自分たちの仕事が好きです。【d Leute 人々、r Job 仕事】

練習 **14g**　möchteを使い、和文とヒントを参考に（　）内を補ってみましょう。

（**1**）（　　　）（　　　）ein Eis（　　　）?

君はアイスが食べたい?【s Eis アイスクリーム、essen 食べる】

（**2**）（　　　）（　　　）vielleicht noch einen Nachtisch?

デザートも召し上がりますか?【vielleicht ひょっとして、noch その上、r Nachtisch デザート】

（**3**）Übermorgen（　　　）（　　　）（　　　）gern（　　　）.

明後日、私たちはあなたをお訪ねしたいのですが。【übermorgen 明後日、gern 好んで、besuchen 訪ねる】

練習 **14h**　和文に相当する未来形になるように（　）内を埋めてみましょう。

（**1**）Er（　　　）wohl müde（　　　）.

彼は疲れているのでしょう。【müde 疲れた】

（**2**）Wir（　　　）morgen in Urlaub（　　　）.

私たちは明日休暇旅行に行くことになってます。【in Urlaub fahren 休暇旅行に行く】

（**3**）（　　　）du uns morgen（　　　）?

明日私たちのところに立ち寄ってもらえますか?【besuchen 訪ねる】

15 不定詞と不定詞句・nichtの位置

Bitte den Rasen nicht betreten!
芝生に立ち入らないでください！

B22

不定詞と不定詞句

　動詞の不定詞は、ドイツ語でさまざまな使われ方をします。これまでに動詞の基本形としての不定詞、助動詞と共に使われる不定詞などの例を見てきました。

　さて、この不定詞の左側にはさまざまな語を置いて、より複雑な動詞表現をすることができます。例えば、

　essen（食べる）→ **Eis essen**（アイスを食べる）、**reisen**（旅行する）→ **nach Deutschland reisen**（ドイツへ旅行する）

　このような「不定詞 + α」を「不定詞句」と呼びます。辞書などでイディオムなどの動詞表現を示すときには、この形が使われます。例えば辞書では、

　eine Reise machen（旅行する）、**zur Schule gehen**（登校する）

などと表記されます。英語でも似たような形で示されています。

　to take a trip（旅行する）、*to go to school*（登校する）

　ドイツ語と英語の違いは、ドイツ語では不定詞がそのままの形で、英語では*to*のついた不定詞が使われていること、それから注意深く見ると句の中で不定詞の置かれている位置が違うことがわかります。ドイツ語では不定詞が句の最後部、英語では*to*不定詞が先頭に置かれています。慣れていただくために、例を挙げます。

⇨**einen Roman schreiben**

　小説を書く【r Roman 小説】

⇨ **für die Prüfung** lernen

試験のために勉強する【e Prüfung 試験】

不定詞句では左側にさらに多くの語を置くことが可能です。

例えば、

⇨ **morgen mit dem Fahrrad nach Kagoshima** fahren

明日自転車で鹿児島へ行く

⇨ **mit Freunden im Restaurant zu Abend** essen

友人たちとレストランで夕食を食べる【s Restaurant レストラン】

不定詞句に助動詞を加えることも可能です。その場合、助動詞は本動詞の右側に置かれます。

⇨ **bis morgen die Hausaufgabe** machen müssen

明日までに宿題をしなければならない【e Hausaufgabe 宿題】

お気づきかもしれませんが、この不定詞句の語順は実は日本語とよく似ています。本動詞と助動詞も隣り合っていますね。不定詞句の語順が日本語の語順と大変よく似ているため、日本語話者がドイツ語を学ぶ際には、この不定詞句を基に考えるとわかりやすくなります。

不定詞句と語順

その一つが「一般的な」語順です。作文をするとき語順で悩むことは珍しくありませんが、そんな場合、日本語の語順通り不定詞句で並べて見るのは一つの良い方法です。

例「夕食にスーパーでソーセージも買わなくてはならない」

⇨ **fürs Abendessen im Supermarkt noch Würstchen** kaufen müssen

【s Abendessen 夕食、d Würstchen < s Würstchen ソーセージ】

これも、一般的な語順は日本語とドイツ語が一致しています。ついで

ですが、この場合日本語で「スーパーで夕食にソーセージも買わなくてはならない」もありそうですが、ドイツ語でも「im Supermarkt fürs Abendessen noch Würstchen kaufen müssen」が可能です。

もう一つの例「明日友人と一緒に映画に行く」

⇨ **morgen mit dem Freund ins Kino** gehen

　ここでもいくつかのバリエーションが考えられますが、一つ大切な注意事項があります。このケースでは、「ins Kino gehen」を切り離すことができないという点です。つまり

✘ **ins Kino morgen mit dem Freund gehen** とか

✘ **morgen ins Kino mit dem Freund gehen** とは言えないのです。

　その理由は、「ins Kino gehen」はこのまとまりで「映画を見に行く」という一つの動詞表現になっていて、この３つの単語がいわばイディオムのようにしっかり結びついているからなのです。イディオムではなくても、よく使われる動詞表現はこの例に含まれます。

⇨ **einen Scherz** machen

　冗談を言う【r Scherz 冗談】

⇨ **für die Prüfung** lernen

　試験勉強する【e Prüfung 試験】

不定詞句と否定詞 nicht

　不定詞句がドイツ語の理解に役立つもう一つのケースは、「nichtの位置」に関する問題です。nichtの使い方の大原則は「否定する語の前に置く」ですが、不定詞句を基に考えると否定のあり方の違いが明確になります。例えば次の不定詞句を見てください。

nichtは直後の語を否定するので

nicht <u>heute</u> machen → heuteを否定

heute nicht <u>machen</u> → machenを否定

hier wieder zusammen arbeiten「明日ここでまた一緒に作業する」

では、nichtは後ろに来る語を否定するので、理屈の上では次のような違いが生じます。

⇨ nicht hier wieder zusammen arbeiten

　また一緒に作業するのはここじゃない

⇨ hier nicht wieder zusammen arbeiten

　ここで一緒に作業するのはもうやめよう

⇨ hier wieder nicht zusammen arbeiten

　ここではまた一緒には作業しない

　ただし次のような場合、spielenの直前にnichtを置くことはできません。

✖ morgen hier mit Peter Tennis nicht spielen

　その理由は、上の「ins Kino gehen」の例で見たようにTennis spielenが「テニスする」という動詞表現として緊密に結びついているため、nichtはその間に割り込めないのです。このようにnichtは結びつきの強い語句の間に置くことはできません。

　文の中で一見納得できないようなnichtの置き方に出会うことがありますが、これも不定詞句にさかのぼってみることで理解できます。次の文を見てください。

⇨ Ich verstehe das wirklich nicht.

　私はそれを本当に理解できません。

　この「nicht」は何を否定しているのでしょうか？この疑問を解くために不定詞句を使って、考えてみましょう。

　この文章の定動詞の不定は「verstehen」（わかる、理解する）です。

否定形の「理解しない」は「nicht verstehen」になります。さらに「それを本当に理解しない」は "das wirklich nicht verstehen"。さてこの不定詞句から文を作ってみます。

　ドイツ語で「文」とは、通常は主語があって、それに見合った「定動詞」があるという構造なので、不定詞句から完全な文を作るには、主語を決め、不定詞を主語の人称に合った形（定動詞）にしてふさわしい位置（例えば平叙文なら２番目）に置くことになります。いま、主語をichと定めこの不定詞句から文を作ると、

　おわかりと思いますが、不定詞句では直後に来るverstehenを否定していたnichtが、文への変形過程で文末に取り残されてしまったのです。つまり平叙文の文末にあるnichtは定動詞を否定しているのです。

　念のために助動詞が加わったケースも見ておきましょう。

（不定詞句）**das wirklich nicht verstehen können**「それを本当に理解できない」

　本動詞と助動詞の組み合わせの場合、助動詞が主語に対して「定動詞」の役割を果たしました（→14章）。従って、助動詞が定動詞として左側へシフトしています。

（文）**Ich kann das wirklich nicht verstehen.**「私はそれを本当に理解できない。」

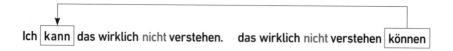

一覧表にまとめてみると、こんな感じになります。

nicht **verstehen**	⇨	**Ich verstehe** nicht.
nicht alles **verstehen**	⇨	**Ich verstehe** nicht alles.
nicht alles richtig **verstehen**	⇨	**Ich verstehe** nicht alles richtig.
nicht alles verstehen **können**	⇨	**Ich kann** nicht alles verstehen.

【alles 全てのこと、richtig 正しく】

複合動詞（非分離動詞・分離動詞）

Sie muss morgen früh aufstehen.

彼女は明日早く起きなくてはならない。

B23

stehen → **Hier steht eine alte Eiche**. ここに1本の古い樫の木が立っている。

be**stehen** → **Du kannst die Prüfung be**stehen. 君は試験に合格できる。

auf|stehen → **Ich muss morgen früh auf**stehen. 私は明日早く起きなければ
ならない。

　ドイツ語では、一つの動詞に別の要素が付け加わった動詞が多数あり
ます。このような例は英語でも見られますが（*start* と *restart*、*appear* と
disappear）、ドイツ語ではこの造語法によって一連の豊かな語彙体系が
形作られています。例えば、gehen（行く）に対して **auf**gehen（昇る）、
untergehen（沈む）、**ver**gehen（過ぎる）などの動詞があります。これら
の動詞群は、文法的観点（使われ方）から2つのグループに分けられます。

分離動詞

　このグループに属する動詞は、文の中で使われるとき、前に付け加わっ
た要素（前綴り）が動詞本体と分離して置かれます。以下の aufgehen「（太
陽などが）昇る」の例を見てください。

Die Sonne geht heute um 5 Uhr auf.

太陽は今日5時に昇ります。【e Sonne 太陽、heute 今日、〜Uhr 〜時】

Die Sonne	geht	um 5 Uhr	auf
	動詞本体（定動詞）		前綴り

Geht die Sonne heute um 5 Uhr auf? 太陽は今日5時に昇るのですか？ ▶

Geht	die Sonne heute um 5 Uhr	auf?
動詞本体（定動詞）		前綴り

Wann geht die Sonne heute auf?

太陽は今日何時に昇るの？【wann いつ、何時に】

Wann	geht	die Sonne heute	auf?
	動詞本体（定動詞）		前綴り

　なぜ、このような不思議な動きをするのでしょうか？それは動詞が生まれた経緯を少しだけさかのぼってみるとよくわかります。これらの「前綴り」と呼ばれる部分は、実は名詞、動詞、副詞、形容詞などの独立した単語でした。

radfahren（自転車に乗る）＜Rad（自転車：名詞）＋fahren（運転する）

untergehen（沈む）＜unter（下へ：副詞）＋gehen（行く）

　現在では語の成り立ちをたどることができないほどに意味の変わってしまった語もありますが、これらの動詞は元々「単語 a ＋動詞」という構造でした。上のaufgehenも元は副詞auf「上へ」＋動詞gehen「行く」という組み合わせでした（上へ行く→昇る）。

　このような分離動詞の生成過程をradfahren「自転車に乗る」を例に、見てみましょう。

　fahrenには「乗り物に乗る、運転する、移動する」などの意味があり、例えば、Auto fahren（自動車を運転する）、Motorrad fahren（バイクに乗る）、Fahrrad fahren（自転車に乗る）などの不定詞句が作れます。「常に車を運転している」は不定句で表すと immer Auto fahren。この不定句か

らichを主語にした文を作ると、最後の不定詞を定動詞にして所定の位置に移動した結果、Ich fahre immer Auto. ができます。Fahrrad fahren の場合は、どうやら使われているうちに縮まってRad fahren になり、さらにそれがradfahrenと一語で書かれるようになったようです。そのため「いつも自転車に乗っている」は immer radfahren ですが、文になると → Ich fahre immer rad. という訳です。この分離動詞の形「rad|fahren」は長い間使われてきました。

　しかし、90年代後半から、専門家の間でドイツ語圏の正書法を統一する動きが盛んになり、その結果、かなりの分離動詞が元の形に戻されました。radfahrenもその一つで、現在では「Rad fahren」が新しい書き方として定められました。

　ただし、分離動詞の扱いについては現在でもなお議論があり、中には再び元の形（分離動詞）に戻されたものもあります。言葉は「生きている」ので、時代の影響をいろいろな形で受けるのは当然かもしれません。

　「分離動詞」の正体がおわかりになったでしょうか。ある語が動詞と緊密に結びついて使われる頻度が高くなると、イディオムなどの慣用表現として定着します。それがさらに熟して動詞と一体化したものと意識され、一語で表記されるようになったものが分離動詞なのです。ただ、元々一体のものが分離する訳ではなく、ひとまとまりの動詞句が一つの動詞として書かれるようになったので「連記動詞」と呼ばれることもあります。したがってnach Haus gehen「帰宅する」やPlatz nehmen「座る」のような動詞句が、将来「nachhausgehen」「platznehmen」のように綴られるようになっても不思議ではありません。なお、分離動詞（連記動詞）は辞書などでは「auf|stehen」「ab|fahren」という風に前綴りと本体の間に「|」を入れて示してあります。

非分離動詞

　「単語＋動詞」からなる不定詞句が一体化して作られたものが「分離動詞」でした。それに対して、単語とは呼べない要素と結びついてできた動詞が「非分離動詞」です。これらの要素は、文中に単独では存在できず、常に動詞、名詞、形容詞などと結びついて使われます。非分離動詞を構成する要素の主なものは次の通りです。

be-、emp-、ent-、er-、ge-、ver-、zer-、miss-。

　以下に非分離動詞の例をあげてみます。

bekommen もらう、**empfinden** 感じる、**erfahren** 経験する、**gestehen** 告白する、**vergehen** 過ぎ去る、**zerreißen** 引き裂く、**misshandeln** 虐待する

　非分離動詞を構成する非自立的な要素は強く動詞に結びついているため、常に動詞と一体化して動きます。この点が分離動詞と違うところです。

（分離）　**an|kommen**「到着する」**Er kommt um 10 Uhr an.**

　　　　　彼は10時に着きます。

（非分離）**bekommen**「もらう」**Sie bekommt den Nobelpreis.**

　　　　　彼女はノーベル賞を受賞する。

　非分離動詞の語頭につけられるこの非自立的要素は、文法用語で「接頭辞」または「接頭語」と呼ばれます。これに対し分離動詞の「前綴り」は元々独立した単語なので、接頭辞（接頭語）ではありません。

▶

練習 16a 【 】内のヒントを参考にして、( )内を補い和文に相当する
ドイツ語にしてみましょう。

(1) (   ) (   ) (   ) (   ) 9 Uhr 30
(   ).

講義は9時30分に始まります。【e Vorlesung 講義、an|fangen 始まる】

(2) (   ) (   ) (   ) nochmal (   ).

私はまた君に電話します。【jn an|rufen 人^{4}に電話する、nochmal もう一度】

(3) (   ) (   ) jeden Tag stundenlang (   ).

彼は毎日何時間もテレビを見る。【fern|sehen テレビを見る、jeden Tag 毎日、
stundenlang 何時間も】

(4) (   ) (   ) (   ) (   ) für die
Grillparty (   ).

彼女はバーベキューのためにサラダを用意する。【vor|bereiten 用意をする、r Salat
サラダ、e Grillparty バーベキューパーティー】

(5) Wir (   ) unser Sommerhaus.

私たちは別荘を売ります。【verkaufen 売る、s Sommerhaus 夏の別荘】

(6) Vorsicht! Das (   ) leicht.

気をつけて!それはすぐに壊れます。【Vorsicht 注意!、zerbrechen 壊れる、leicht 容
易に】

(7) Dieser Fluss (   ) in den Alpen.

この川はアルプスに源を発します。【r Fluss 川、entspringen 源を発する】

17

お願い・提案・命令

Seid immer nett zu den Leuten!
いつも人には親切にしなさい！

B24

　この章では、事柄をただ述べるのではなく、人にお願いしたり、提案したり、命令したりするときのドイツ語表現を学びます。お願い・提案・命令といったものは（日本語でも同じですが）文型にかかわりなく、声の調子や言い方自体でも表現することが可能です。一つの平叙文でも状況によって叙述になったり、お願いになったり、命令になったりします。ドイツ語では、（特に会話において）「命令形」と呼ばれる形（文法用語では「命令法」37章参照）がよく登場します。ただ、多くの場合、これは「命令」というほど強いものではなく、要請であったり、お願いであったり、時には再確認であったりします。その意味では「命令形」という名称は実情にそぐわないのかもしれません。

　ここでは、文法形式としての「命令形」を中心に見ていくことにしますが、前後関係によって「命令」以外のさまざまなニュアンスが込められる可能性が少なくありません。

命令形の作り方

　ドイツ語は、2人称が原則 *you* のみの英語と違い、du、ihr、Sie（単数・複数）の3つの2人称を使い分けました（→13章「人称とは？」）。そのため、命令形は使う相手によって3つの命令形を使い分けることになります。

duに対する命令形は不定詞の語幹が命令形になります。

kommen → komm　　fahren → fahr

命令文では、動詞を先頭に置き、主語のduは省きます。文末には「！」を置きます。

⇨ **Komm schnell!**

早く来て！【schnell すばやく】

⇨ **Fahr zum Supermarkt!**

スーパーまで行って！【r Supermarkt スーパー】

また、書き言葉では命令形の語尾に「-e」をつけることがあります。

⇨ **Trage es bitte nach oben!**

それを上へ運んで！【tragen 運ぶ、nach oben 上へ】

この形は話し言葉で用いられると強い命令になります。

ただし geben「与える」、lesen「読む」、nehmen「取る」など、duのところで母音が「e」から「i(e)」に変化する動詞（geben → du gibst、nehmen → du nimmst）では、duの人称形から人称変化語尾「-st」を除いた形が命令形となります。

⇨ **Gib es mir sofort!**

それをすぐに渡して！【sofort すぐに】

⇨ **Nimm das Geld!**

その金を受け取って！【s Geld お金】

この場合はさらに語尾に「-e」をつけることはありません。

＊また、sitzen、essen、lesen など duの人称形で「-st」ではなく「-t」の語尾を取るもの（du sitzt、du isst、du liest）の命令形は「-t」を除いた形

が命令形となります。

⇨ **Sitz!**

座って！

⇨ **Iss!**

食べて！

⇨ **Lies es laut!**

大声で読んで！【laut 大声で】

（→ 8章 p.69「多少注意を要する動詞」）

ihr に対する命令形の作り方

ihr に対する命令形は ihr の現在人称変化形と同じ形です。

ihr kommt → kommt　　ihr gebt → gebt

命令文では動詞を先頭に置き、主語 ihr を省き、文末に「！」を置きます。

⇨ **Kommt schnell!**

急いで来て！

⇨ **Gebt es mir sofort!**

それを私にすぐ渡して！

Sie に対する命令形の作り方（単数 Sie、複数 Sie 共に同じ！）

命令形は不定詞と同じ形になります（例外は sein のみ）。

動詞を先頭に置き、文末に「！」を置きます（主語は省きません）。

⇨ **Kommen Sie schnell!**

急いで来てください！

⇨ **Geben Sie es mir sofort!**

それを私にすぐに渡してください！

sein、haben、werden の命令形

sein と werden は少し特殊な変化をするので、注意してください。

不定詞		sein	haben	werden
命令形	du に対する	sei	hab	werde
	ihr に対する	seid	habt	werdet
	Sie に対する	seien	haben	werden

⇨ **Sei** ruhig!　**Seid** ruhig!　**Seien** Sie ruhig!

　静かに！【ruhig 落ち着いた】

⇨ **Hab** keine Angst!　**Habt** keine Angst!　**Haben** Sie keine Angst!

　心配しないで！【e Angst 不安】

⇨ **Werde** bitte nicht krank!　**Werdet** bitte nicht krank!　**Werden** Sie bitte nicht krank!

　病気にならないでね！【krank 病気の】

分離動詞の命令文

　動詞本体を命令形に直して文頭に置き、分離前綴りは文末に置き、最後に「！」を添えます。

● **du に対する例**

auf|stehen 起床する → **Steh** sofort **auf!** すぐに起きて！

zu|hören 耳を傾ける → **Hör** mir **zu!** 私の言うことを聞いて！

vor|lesen 朗読する → **Lies** die Stelle **vor!** この箇所を読んで！【e Stelle 箇所】

● **ihr に対する例**

auf|stehen → **Steht** sofort **auf!**

zu|hören → **Hört** mir **zu!**

vor|lesen → **Lest die Stelle** vor!

● **Sie に対する例**

auf|stehen → **Stehen Sie sofort auf!**

zu|hören → **Hören Sie mir zu!**

vor|lesen → **Lesen Sie die Stelle** vor!

非分離動詞の命令形

　通常の動詞と同じやり方で命令形を作ります。命令文は、この形の命令形を非分離前綴りをつけたまま、文頭に置き、文末に「！」を置きます。

⇨ **Übersetzen Sie das mal kurz!**

　ちょっと訳してみてください！【übersetzen 訳す、mal kurz ちょっと】

⇨ **Vergiss es bitte nicht!**

　それを忘れないでね！【vergessen 忘れる】

　はじめにもお断りした通り、ドイツ語では「命令形」という形が狭い意味での「命令」以外に、いろいろな局面で使われます。命令形に慣れるという意味も兼ねて、以下にいろいろな使用例を見てみましょう。

1）説明（日常で一番使われるケース）

⇨ **Gehen Sie hier geradeaus. Dann** gehen Sie **die erste Straße links.**

　ここをまっすぐに行ってください。それから最初の通りを左に曲ります。【geradeaus まっすぐに、dann それから、die erste Straße 最初の通り、links 左へ】

2）注意・警告

⇨ **Passen Sie auf!**

　注意して！【auf|passen 注意する】

⇨ **Seien Sie vorsichtig!**

　慎重にしてください！【vorsichtig 注意深い】

⇨ Haben Sie **keine Angst**!

　心配しないでください！

3）奨励・励まし

⇨ Versuchen Sie **es mal**!

　ちょっと試してみたらいかがですか！【versuchen 試みる、mal もう一回】

4）指示・お願い

⇨ **Gießen Sie die Pflanze.**

　植物には水をやってください。【gießen（植物^{4}に）水をやる、e Pflanze 植物】

⇨ Rufen Sie **uns** an.

　私たちに電話してください。【jn an|rufen 人^{4}に電話する】

5）無礼、攻撃的、非常識な行動への対応

⇨ Hören Sie auf!

　止めてください！【auf|hören 止める】

⇨ Lass **mich in Ruhe**!

　そっとしておいて！【in Ruhe lassen そっとしておく】

6）犬への命令

⇨ Sitz!

　お座り！【sitzen 座る】

⇨ Warte!

　待て！【warten 待つ】

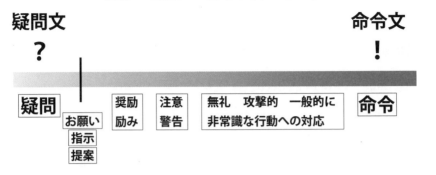

疑問 → お願い → 命令のイメージング

　日本語では「いる」と「ある」という表現を無意識かつ厳格に使い分けています。ドイツ語ではこのような違いは意識されませんが、「単数」と「複数」の違いは明確に示されないと、物足りなさが感じられるようです。このような言語ごとの特殊な感覚は、文法的領域というよりは、むしろ認知的な領域に根ざしているのかもしれません。例えば「スズメバチ」「毒蛇」「地雷」などが話題に上った場合、それが単数なのか複数なのかは、危機管理という点で大いに重要な情報ではないかと思われるのですが。

(▶)

練習 17a 以下の文を和訳してみましょう。

（ 1 ）Geben Sie mir das Buch!

_____

（ 2 ）Fangen wir an!

（wirを主語にすると「〜しませんか」という提案文ができます。）【an|fangen 始める】

_____

（ 3 ）Gehen wir ins Kino!

_____

（ 4 ）Schreib mir eine E-Mail!

_____

（ 5 ）Komm bitte schnell!

【schnell 速い】

_____

（ 6 ）Benutzen Sie bitte den Notausgang!

【benutzen 使う、r Notausgang 非常口】

_____

（ 7 ）Tu das nicht!

【tun する】

_____

18 接続詞1・並列の接続詞

Bitte mit viel Knoblauch und Peperoni!

ニンニクとペペロニをたっぷりお願いします！

B25

　文と文、語と語を結ぶ役割を担うのが接続詞です。日本語の「〜と」や「しかし」英語の *and* や *but* などがそれにあたります。ドイツ語でよく使われる接続詞としては und「そして」aber「しかし」oder「あるいは」weil「なぜなら」などが挙げられるでしょう。ドイツ語の接続詞は、文法的に、この章で学ぶ「並列の接続詞」と次章で学ぶ「従属の接続詞」に分けられます。

よく使われる接続詞の特徴

1）並列の接続詞（等位接続詞）

　並列の接続詞の特徴は、文と文（または単語と単語）を対等な関係で結んでいきます。文や語をいくつでも繋げていくことが可能ですが、あまり長くなると表現全体はわかりにくい文となります。以下、und「そして」の例を見てみましょう。

⇨ **Sie kommt aus Italien und er kommt aus Japan.**

　彼女はイタリア出身で、彼は日本出身です。【s Italien イタリア】

⇨ **Kaffee, ein Stück Sandkuchen und auch Sahne dazu?**

　コーヒー、パウンドケーキと、それに生クリームもつけますか？【s Stück 一切れ、r Sandkuchen パウンドケーキ、e Sahne 生クリーム】

⇨ **Die Sonne scheint und die Vögel singen.**

　太陽が輝き、鳥が歌う。【scheinen 輝く、d Vögel ＜ r Vogel 小鳥】

2）従属の接続詞

　これに対して従属の接続詞の特徴は、この接続詞を使うことで２つの文の間に、理由・原因（〜だから）とか同時性（〜の時）、逆説（〜であるのに）、仮定（もし〜ならば）、内容（〜ということ）などの論理的な繋がりを作るところにあります。従属の接続詞を持つ文は、他の文に修飾的につけられた文と言えます。（詳しくは19章で）

⇨ **Das geht nicht, weil kein Strom da ist.**

　　電気がないから、動かない。【weil 〜なので、gehen 動く、r Strom 電流、da sein ある】

⇨ **Sie fährt noch, obwohl sie schon neunzig ist.**

　　もう90歳なのに、彼女はまだ運転してるんだよ。【fahren 運転する、obwohl 〜にもかかわらず、schon すでに、neunzig 90】

⇨ **Wenn ich Entspannung brauche, höre ich immer Mozart.**

　　リラックスが必要なとき、私はいつもモーツァルトを聞きます。【wenn 〜の場合、e Entspannung リラックス、brauchen 必要とする】

　この章では、以下、並列の接続詞の使い方を学びます。

代表的な並列の接続詞

● **und**「そして」（＝英語 *and*）

⇨ **Salz und Pfeffer**

　　塩と胡椒【s Salz 塩、r Pfeffer 胡椒】

⇨ **Sie mag Katzen und ich mag Hunde.**

　　彼女は猫好きで私は犬好きです。【mögen 好む、d Katzen ＜ e Katze 猫、d Hunde ＜ r Hund 犬】

● **aber**「しかし」（＝英語 *but*）

⇨ **klein, aber fein**

　　小さいけど上質な【klein 小さな、fein 質の良い】

⇨ **Das ist praktisch, aber es kostet nicht wenig.**

これは便利ですが、安くはありません。【praktisch 便利な、kosten 〜の値段がする、wenig 少ない】

● **oder**「または」（＝英語 *or* ）

⇨ **oben oder unten?**

上それとも下？【oben 上に、unten 下に】

⇨ **Ist er in Japan, oder ist er gerade in Taiwan?**

彼は日本にいるの？それとも今は台湾？【gerade たった今、s Taiwan 台湾】

● **denn**「（あとづけで理由を述べて）というのも〜だから」（＝英語 *for* ）

⇨ **Er schafft die Prüfung, denn er ist klug.**

彼は試験に受かるよ、頭いいからね。【schaffen やり遂げる、e Prüfung 試験、klug 賢い】

⇨ **Sie wird nicht krank, denn sie ist geimpft.**

彼女は病気にはならない、予防接種うけてるから。【krank 病気の、geimpft 予防接種済みの】

⇨ **Das kaufe ich nicht, denn es ist zu teuer.**

それは私は買いません、高すぎるんだもの。【zu 余りに、teuer 高価な】

練習問題

▶

練習 18a 空欄を埋めて、和文に相当するドイツ語にしてみましょう。全て
undを使った文です。

（1）（　　　）（　　　） viel Stress, （　　　）（　　　）（　　　） auch
nicht so gut.

私たちは多くのストレスを抱え、そしてまたそれ程よく寝ていません。
【Stress haben ストレスを抱える、schlafen 眠る】

（2）（　　　）（　　　）（　　　）（　　　） die （　　　） blühen.

太陽は輝き花が咲いている。【d Sonne 太陽、scheinen 輝く、d Blumen＜e Blume
草花、blühen 咲く】

（3）Man （　　　） ans Meer （　　　）（　　　） dort Urlaub.

誰もが海岸に行きそこでバカンスを楽しむ。【fahren 行く、s Meer 海、Urlaub machen
休暇を過ごす】

▶

練習 18b 空欄を埋めて、和文に相当するドイツ語にしてみましょう。全て
aberを使った文です。

（1）（　　　）（　　　） es, （　　　）（　　　）（　　　） es nicht!

私はそれを読んでいますが、理解できません！【lesen 読む、verstehen 理解する】

（2）Das （　　　）, （　　　） es （　　　） sehr laut.

それは作動しているけど、とてもうるさい。【funktionieren 機能する、laut 騒々しい】

（3）（　　　）（　　　）（　　　） schön, （　　　）（　　　）（　　　） ihn
nicht.

その車は素敵だけど、私たちは買いません。【r Wagen 車】

練習 18c　空欄を埋めて、和文に相当するドイツ語にしてみましょう。全て oder を使った文です。

（ 1 ）Erledigen （　　　　） das heute （　　　　） lieber morgen?

私たちはそれを今日片付けますか、それとも明日の方がいいですか?【erledigen 処理する、lieber むしろ〜の方がいい】

（ 2 ）（　　　）（　　　） schwimmen, （　　　）（　　　）（　　　） etwas anderes.

我々は泳ぎに行くか、あるいは何か他のことをします。【schwimmen gehen 泳ぎに行く、etwas anderes 何か違うこと】

（ 3 ）（　　　）（　　　） noch Geld, （　　　）（　　　）（　　　） noch mehr?

君はまだお金持っている?それとももっと必要?【s Geld お金、brauchen 必要である、noch mehr それ以上】

▶

練習 18d　空欄を埋めて、和文に相当するドイツ語にしてみましょう。全て denn を使った文です。

（ 1 ）（　　　）（　　　） kaum Süßes, （　　　）（　　　）（　　　） （　　　）.

私は甘い物をほとんど食べません、というのも減量するつもりなので。【essen 食べる、kaum ほんのわずかの、Süßes 甘い物、ab|nehmen 減量する】

（ 2 ）（　　　） Sie nicht den Schirm, （　　　） es regnet gleich!

傘を忘れないように、というのもすぐに雨が降ります!【vergessen 忘れる、r Schirm 傘、regnen 雨が降る、gleich じきに】

（ 3 ）Das （　　　） sinnlos, （　　　） es （　　　） nicht.

それは意味がない、うまくいかないから。【sinnlos 無意味な、gehen うまくいく】

19

主文と副文・従属の接続詞 1

Wir wissen, dass die Maschine heute ankommt.
その便が今日到着することは知っています。

B26

従属の接続詞

Er kommt heute. Wir wissen es.

彼は今日来ます。私たちはそれを知っています。【wissen 知っている】

　上の文で es は Er kommt heute. を指しています。この時、次のように表現することも可能です。

Wir wissen: Er kommt heute.

私たちは知っています ― 彼は今日来ます。

　これに接続詞（dass「〜ということ」＝英語・接続詞 *that*）を加えて、もう少し文の繋がりを明確にすることができます。

Wir wissen, dass er heute kommt.

彼が今日来ることを、私たちは知っています。

　接続詞を使うと、2 つの文の間の、論理的な関係（内容「〜ということ」）や理由・原因（「〜だから」）をはっきりと表すことができます。このような役割を果たす接続詞を「従属の接続詞」と呼びます。

主文と副文

　次の 2 つの文を比べてみましょう。

1a）Wir wissen, dass er heute kommt.

　　私たちは、彼が今日来ることを知っています。

1b）Wir wissen es.（＝ 英語 *We know it.*）

　　私たちはそれを知っています。

1a）と1b）を比べると、1a）の「dass er heute kommt」と1b）の
「es」が、どちらも同じ役割を果たしている（動詞wissenの目的語）ことが
おわかりになるでしょうか。図示すると以下のようになります。

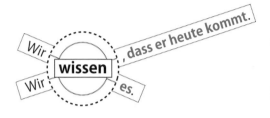

1b）では知っている内
容を「es」という単語で表
し、1a）では「dass er heute
kommt」という文で表現し
ています。片方のesは「代
名詞」、もう一方のdass er heute kommtは「文」ですが、ここではes =
dass er heute kommtの関係が成り立ちます。

　このような文の一要素（ここではes）の代わりに埋め込まれた文（ここ
では「dass er heute kommt」）を「副文」と呼びます。1b）では代名詞「es」
によって表現される目的語が、1a）では「dass er heute kommt」とい
う副文で表されています。「副文」を含む文全体（Wir wissen, dass er heute
kommt.）を「主文」と呼びます。言いかえれば、「主文」の一要素（例えば
単語）が文にまで拡大したものが「副文」なのです。

　他の例を見てみましょう。

2a）Er wohnte hier in seiner Kindheit.

　　彼はここに幼年時代住んでいた。【wohnte（wohnen「住む」の過去形）、e Kindheit
　　幼年時代】

2b）Er wohnte hier, als er ein Kind war.

　　彼はここに、彼が子どもだったとき、住んでいた。【als ～だったとき、war（sein
　　「～である」の過去形）】

　　※過去形について詳しくは24章。

ここでは、「in seiner Kindheit」という句が「als er ein Kind war」という文で表現されています。2b）では「Er wohnte hier」が「主文」で、「als er ein Kind war」が主文に埋め込まれた「副文」ということになります。

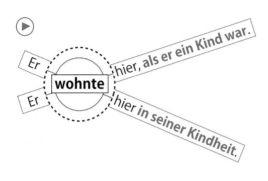

　ここで一つ大切なルールがあります。それは「副文の中では定動詞は文末に置く」という決まりです。1b）の文でも2b）文でも定動詞が文末に置かれていることを確認してください。

　定動詞の位置について、もう一度整理してみます。

定動詞の位置		文頭	2番目	文末
平叙文	→		定動詞	
疑問文	→	定動詞		
疑問詞付きの 疑問文	→	疑問詞	定動詞	
副文	→	従属の接続詞		定動詞

　ドイツ語で定動詞の位置に関してはこの3種類（1番目、2番目、文末）しかありません。しっかり記憶したいものです。

　副文に助動詞が加わった場合はどうなるでしょうか？

　Wir wissen, dass er heute kommen kann.「彼が今日来られることを、私たちは知っています。」という文について考えてみましょう。ここでは助動詞が定動詞（人称変化形）になるので、これが文末に置かれることになります。

　上の例文に登場したdass（〜ということ）、als（〜だった時）のような副文を作る接続詞には他に以下のようなものがあります。

 weil「〜なので」、wenn「〜の場合」、obwohl「〜にもかかわらず」、ob「〜かどうか」、da「〜なので」、während「〜している間」、als「〜した時」、nachdem「〜してしまった後で」。

このほか、was「何が / を」、wo「どこで」、wohin「どこへ」、woher「どこから」、wann「いつ」などの疑問詞も副文を作る接続詞として使われます。

⇒ **Wir wissen, wo er wohnt.**

　私たちは彼がどこに住んでいるか知っている。

　これらの接続詞を文頭に置くことで、他の文の内容を補足したり、理由づけなどの論理関係を表す副文を作ることができます。

動詞 wissen

　例文で使われた wissen「知っている」はよく使われる動詞ですが、ich と er の箇所で通常の語尾をつけません。

ich	weiß	wir	wissen
du	weißt	ihr	wisst
er	weiß	sie	wissen
Sie	wissen	Sie	wissen

練習問題

▶

練習 19a 動詞 wissen と dass を使った文を【　】内を参考に完成させて
みましょう。

（1）Wir（　　　）, dass es nicht so einfach（　　　）.

そう簡単にはいかないと、私たちは知っています。【einfach 簡単な、gehen いく】

（2）（　　　）du, dass man hier Eintritt（　　　）（　　　）?

ここでは入場料を払わなければいけないことを知っていますか?【r Eintritt 入場料、
bezahlen 支払う、müssen 〜しなければならない】

（3）Ich（　　　）, dass man das nicht（　　　）.

これはしてはいけないと私は知っています。【dürfen 許される】

▶

練習 19b 動詞 wissen と疑問詞を使った文を【　】内を参考に完成させ
てみましょう。

（1）（　　　）du, wie man am besten dorthin（　　　）?

そこへどうやったら一番うまくいけるか、知ってる?【am besten 一番うまく、
dorthin そこへ、kommen たどり着く】

（2）Er（　　　）nicht, warum er so traurig（　　　）.

なぜ彼が悲しい気持ちなのか、彼は自分でもわからない。【traurig 悲しい、sein 〜
である】

（3）（　　　）ihr, ob ihr bis morgen damit fertig（　　　）?

明日までにそれを仕上げられるのか、わかるかな?【bis まで、damit fertig sein そ
れを仕上げている】

練習 19c weilを使って、和文と【　】内を参考に次の文を完成させて
みましょう。

（1）Ich mag dich, （　　　　） du so nett （　　　　　）.

　　君はいい人だから、好きだよ。【 mögen 好きだ、nett 優しい 】

（2）Die Eisbären sterben langsam aus, （　　　　） das Eis （　　　　）.

　　氷が溶けるので、シロクマは絶滅に瀕しています。【 d Eisbären ＜ r Eisbär シロクマ、
　　langsam 徐々に、aus|sterben 絶滅する、schmelzen 溶ける（不規則動詞、3人称単数
　　形は schmilzt）】

（3）Wir kommen nicht, （　　　　） es draußen heftig （　　　　）.

　　外はひどい雪なので、私たちは行きません。【 draußen 外で、heftig 激しい、schneien
　　雪が降る（esを主語とする非人称動詞）】

（4）Sie möchte das nicht spielen, （　　　　） sie diese Musik nicht
　　（　　　　）.

　　彼女はこの手の音楽が好きじゃないので、弾きたくありません。【 spielen 演奏する、
　　e Musik 音楽、mögen 好む 】

20

主文と副文・従属の接続詞 2

Weil sie krank ist, kommt sie nicht.

彼女は病気なので来ません。

B27

1a）Daher kommt sie heute nicht.

だから彼女は今日来ない。【daher だから】

1b）Wegen der Krankheit kommt sie heute nicht.

病気のせいで彼女は今日来ない。【e Krankheit 病気】

1c）Weil sie krank ist, kommt sie heute nicht.

彼女は病気だから、今日来ない。【krank 病気の】

　前の章に引き続いて、主文と副文についてもう少し考えてみたいと思います。上の3つの例文を見てください。

　1a）では daher「それゆえ」という副詞1語で表現されていたことが、1b）では wegen der Krankheit「病気のせいで」という前置詞句で、さらに1c）では weil sie krank ist「彼女は病気なので」という文で表現されています。

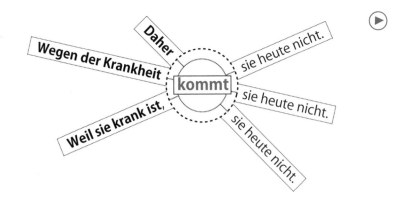

さて、ここで注目したいのが定動詞kommtの置かれた位置です。Daherの後にkommtが置かれているのは、「平叙文では定動詞は２番目」というルールに従ったためです。３つの文を較べると「daher」も「wegen der Krankheit」も「weil sie krank ist」も、形こそ「単語」「前置詞句」「文」と異なりますが、文中では同じ役割を果たしています（ここではdaher = wegen der Krankheit = weil sie krank ist）。そのことを考えれば、「定動詞は第２番目」のルールに従って、「daher」と同じ役割を果たす「Wegen der Krankheit」や「Weil sie krank ist」の後にkommtが置かれることは理解できるでしょう。要するに、この三者は定動詞kommtを修飾する副詞の役割を果たしているのです

2a）**Trotzdem werden wir damit nicht fertig.** ▶

それにもかかわらず私たちはそれを仕上げられません。

【trotzdem それにもかかわらず、damit fertig werden それを終える】

2b）**Trotz der Fristverlängerung werden wir damit nicht fertig.**

締め切り延長にもかかわらず、私たちはそれを仕上げられません。

【e Fristverlängerung 締め切り延長】

2c）**Obwohl die Frist um ist, werden wir damit nicht fertig.**

締め切りが過ぎたのに、私たちはそれを仕上げられません。

【obwohl 〜にもかかわらず、e Frist 締め切り、um sein 過ぎている】

一般化すると、次のようにルール化されます。

「副文が先行すると主文では定動詞が主文の先頭に来る」

3a）**Wir spielen Tennis, wenn das Wetter gut ist.**

天気がよければ、私たちはテニスをします。【s Wetter 天気、gut よい】

3b）**Wenn das Wetter gut ist, spielen wir Tennis.**

4a）**Ich muss ihn fragen, ob er heute kommt.**

彼が今日来るかどうか、私は彼に尋ねなければならない。【ob 〜かどうか、jn fragen 人⁴に質問する】

4b）Ob er heute kommt, muss ich ihn fragen.

既出以外の代表的な従属の接続詞の使用例を挙げてみます。

● **während**「〜している間」

⇨ **Während er überlegt, führt er immer Selbstgespräche.**

彼は考え事をする間に独り言を言います。【überlegen よく考える、
Selbstgespräche führen 独り言を言う】

⇨ **Während meine Freunde das Leben genießen, muss ich weiterarbeiten.**

友人たちが人生を謳歌している間、私は働き続けなければならない。【d Freunde <
r Freund 友人、s Leben 人生、genießen 楽しむ、weiter|arbeiten 働き続ける】

● **obwohl**「〜であるにもかかわらず」

⇨ **Wir werden es bestellen, obwohl es ziemlich teuer ist.**

けっこう高額なものなのに、私たちはそれを注文することにします。【bestellen
注文する、ziemlich かなり、teuer 高価な】

● **da**「〜なので」

⇨ **Da es nun mal so ist, kann man es leider nicht ändern.**

今やこんなことになったので、残念ながら変えられません。【nun mal 今や、leider
残念ながら、ändern 変える】

⇨ **Wir müssen diesen Weg nehmen, da wir sonst nicht weiterkommen.**

これ以上進めないので、こっちの道を行かざるを得ません。【r Weg 道、sonst さも
なければ、weiter|kommen 先へ進む】

● **wenn**「〜の場合は、〜ならば」

⇨ **Wenn sie es sagt, muss es wohl stimmen.**

彼女がそう言うなら、たぶんそうなんでしょう。【wohl たぶん、stimmen 確かで
ある】

練習問題

練習20a 【 】内を参考にして和文に相当する文を完成させてみましょう。

（1）Sie sieht fern, （　　　） sie ihre Hausaufgaben （　　　）.

彼女は宿題をやりながら、テレビを見る。【fern|sehen テレビを見る、während 〜しながら、d Hausaufgaben ＜ e Hausaufgabe 宿題、machen する】

（2）Meine Tochter fragt, （　　　） du auch （　　　）.

君も来るかどうか、娘が聞いています。【e Tochter 娘、fragen 尋ねる、ob 〜かどうか、kommen 来る】

（3）（　　　） ihr nicht （　　　）（　　　）, gehen wir allein.

君たちが一緒に行きたがらないので、私たちだけで行きます。【da 〜ので、mit|gehen 同行する、wollen 〜したがる、gehen 行く、allein 単独で】

（4）（　　　） sie nach Haus （　　　）, duscht sie erst einmal.

彼女は帰宅すると、まずシャワーを浴びます。【wenn 〜したときは、nach Haus kommen 帰宅する、duschen シャワーを浴びる、erst einmal とりあえず】

（5）Sie kommt mit dem Fahrrad, （　　　） der Bus heute nicht （　　　）.

今日はバスが運休しているので、彼女は自転車で来ます。【s Fahrrad 自転車、weil 〜なので、r Bus バス、fahren 運行している】

（6）（　　　） sie （　　　）, sag uns Bescheid.

彼女から電話があったら、私たちに教えてください。【wenn 〜ならば、an|rufen 電話をかける、Bescheid sagen 知らせる】

形容詞の使い方

Das ist wirklich ein kluges Tier.
これは本当に利口な動物です。

1）形容詞の働き

　モノの性質を表す品詞「形容詞」は、文の中で2通りの働きをします。schön「美しい」とklug「賢い」を例にとって見てみましょう。

a）**Die Blumen sind schön.**

　　それらの花は美しい。【schön 美しい】

　Der Hund ist klug.

　　その犬は賢い。【klug 賢い】

b）**Die schönen Blumen sind für dich.**

　　その美しい花は君にあげる。

　Das ist ein kluger Hund.

　　それは賢い犬だ。

　a）のように、主語に対する述語として使われる場合と、

　b）のように、名詞の直前に置かれて修飾語となる場合です。

　述語として使われる形容詞はそのままの形ですが、名詞の修飾語として使われるときは語尾変化しているのがおわかりになりますか？

　どのような語尾変化をするのか、それがこの章のテーマです。

2）修飾語としての形容詞

　形容詞が名詞の直前に置かれるとき次の3つのケースが考えられます。

der starke Kaffee:　定冠詞（類）＋ 形容詞 ＋ 名詞【stark 濃い】

ein starker Kaffee:　不定冠詞（類）＋ 形容詞 ＋ 名詞

starker Kaffee: **形容詞 + 名詞**

　名詞が定冠詞付きか、不定冠詞付きか、あるいは無冠詞かで、名詞の前の形容詞の語尾変化が少し異なります。複雑に思われるかもしれませんが、勘所を理解すれば大丈夫です。また、ここで間違えてもドイツ語に大きなダメージが加わることはないので、安心してください。ゆっくり見ていきましょう。以下に３つの変化表が出てきますが、基本となるのは最初の「定冠詞 + 形容詞 + 名詞」のパターンです。これが頭に入っていれば、何とかなります。全体を通して大切なのは、形容詞が名詞の前に置かれて修飾語となるとき「語尾変化する」ということです。

３）「定冠詞（類）+ 形容詞 + 名詞」の場合

	男性	女性	中性	複数
1格	der neue Wagen	die kurze Zeit	das alte Buch	die jungen Leute
2格	des neuen Wagens	der kurzen Zeit	des alten Buch(e)s	der jungen Leute
3格	dem neuen Wagen	der kurzen Zeit	dem alten Buch	den jungen Leuten
4格	den neuen Wagen	die kurze Zeit	das alte Buch	die jungen Leute
	その新しい車	その短い時間	その古い本	その若い人たち

neu 新しい、kurz 短い、alt 古い、jung 若い

　この表からわかることは、次の２点です。

１）語尾には -e か -en しかない。

２）ほとんどの語尾が -en です。-e となるのは単数の１格と４格（ただし男性４格のみ例外）。

4）「無冠詞 + 形容詞」の場合

	男性	女性	中性	複数
1格	starker Kaffee	volle Tasse	nasses Gras	leichte Aufgaben
2格	starken Kaffees	voller Tasse	nassen Grases	leichter Aufgaben
3格	starkem Kaffee	voller Tasse	nassem Gras	leichten Aufgaben
4格	starken Kaffee	volle Tasse	nasses Gras	leichte Aufgaben
	濃い珈琲	溢れそうなカップ	濡れた草	簡単な課題

stark 濃い、voll 満杯の、nass 濡れた、leicht 容易な

　名詞に冠詞がついていると、その形で名詞の格がわかります。無冠詞だと格を表示する要素が何もないのでわかりません。そこで、無冠詞の名詞の前に形容詞が置かれたときは、冠詞代わりに形容詞の語尾変化を利用してしまうという発想です。もう一度注意深く下の表を見てください。男性2格、中性の1格・2格・4格以外は、定冠詞の語尾にピタリと一致します（中性1・4格の場合は、-asが-esになっているところが違います）。

	無冠詞の時の形容詞語尾							
	男性		女性		中性		複数	
	定冠詞	語尾	定冠詞	語尾	定冠詞	語尾	定冠詞	語尾
1格	der	-er	die	-e	das	-es	die	-e
2格	des	-en	der	-er	des	-en	der	-er
3格	dem	-em	der	-er	dem	-em	den	-en
4格	den	-en	die	-e	das	-es	die	-e

ごく大まかに言えば、無冠詞の名詞に形容詞がついた場合は「形容詞が定冠詞の代わりに格変化する」ということになります。

5）「不定冠詞（類）＋形容詞＋名詞」の場合

	男性	女性	中性	複数
1格	ein kalter Winter	eine gute Idee	ein schlimmes Ende	meine alten Freunde
2格	eines kalten Winters	einer guten Idee	eines schlimmen Endes	meiner alten Freunde
3格	einem kalten Winter	einer guten Idee	einem schlimmen Ende	meinen alten Freunden
4格	einen kalten Winter	eine gute Idee	ein schlimmes Ende	meine alten Freunde
	ある寒い冬	グッドアイディア	悲惨な結末	私の古い友達

＊不定冠詞（一つの）には複数形がないので、複数欄には不定冠詞類 mein の例を示してあります。
kalt 冷たい、gut 良い、schlimm 悪い、alt 古い

　これは３）「定冠詞＋形容詞＋名詞」と４）「形容詞＋名詞」の語尾変化が組み合わさったケースと考えられます。つまり、不定冠詞の男性１格、中性１格・４格は ein ＋ゼロ語尾という形なので、形容詞の語尾変化がそれを補っていると考えてください。

6）形容詞の格変化まとめ

　以上のことを、簡単にまとめると以下のようになります。

1）定冠詞つきの場合：単数の１格・４格のみ「-e」、それ以外は「-en」（ただし男性４格だけは「-en」）。
2）無冠詞の場合：形容詞が定冠詞の語尾変化を代行する（ただし男性と中性２格は語尾が「-en」、中性１格・４格は「-es」となる）。
3）不定冠詞つきの場合：定冠詞つきの場合に準ずる。男性１格、中性１格・４格の場合のみ、無冠詞のケースに同じ）。

練習 21a 【 】内に適切な形容詞の語尾を記入してください。

（1）Die neu（ ）Kollegin ist sehr nett.

新しい同僚はとても優しい女性です。【neu 新しい、e Kollegin 同僚、nett 親切な】

（2）Sehen Sie das groß（ ）Gebäude dort?

あそこの大きな建物が見えますか？【sehen 見える、groß 大きな、s Gebäude 建物、dort あそこ】

（3）Sie wohnen in dem südlich（ ）Stadtteil.

彼らは南の街区に住んでいます。【wohnen 住む、südlich 南の、r Stadtteil 街区】

（4）Wir wünschen dir eine schön（ ）Reise.

君には良い旅になりますように。【wünschen 願う、schön 素敵な、e Reise 旅】

（5）Ich werde mein alt（ ）Auto verkaufen.

私は古い車を手放すつもりです。【alt 古い、s Auto 自動車、verkaufen 売る】

（6）Möchtest du wirklich meine alt（ ）Gitarre haben?

私の古ギター、ホントに欲しいの？【alt 古い、e Gitarre ギター、haben 持つ】

（7）Kurz（ ）Haare stehen dir gut.

ショートカットが君に似合います。【kurz 短い、d Haare ＜ s Haar 髪、gut stehen 似合う】

（8）Wir lieben scharf（ ）exotisch（ ）Essen.

私たちは辛いエスニックフードが好き。【lieben 好きだ、scharf 辛い、exotisch エキゾチックな、s Essen 食物】

（9）Alkoholfrei（ ）Bier schmeckt mir nicht.

ノンアルコールビールはおいしくないと思う。【alkoholfrei ノンアルコールの、s Bier ビール、jm schmecken 人[3]にとっておいしい】

形容詞の名詞化

Viele Freiwillige helfen mit.
多くのボランティアが手伝ってくれます。

B29

形容詞の名詞化

　ドイツ語には「冠詞＋形容詞」を名詞として使う用法があります。

例：der Schnelle すばやい人（男）　die Intelligente 知的な人（女）

といった具合です。上例のように男性・女性の冠詞をつけた形容詞を大文字書きすることで、形容詞の示す性質を持った男性または女性を表すことができます。このような用法を「形容詞の名詞化」と呼んでいます。このような用法は英語にもあります。

the rich 金持ち階層　*the young* 若者達

　英語の場合は複数扱いで集団を表すのに対し、ドイツ語では冠詞による性別の違いを利用して集団ばかりでなく、男女の区別も表現します。

　ただし「形容詞の名詞化」による表現と「形容詞＋名詞」による表現は全く同じものではなく、そこには微妙なニュアンスの違いがあります。以下の例をご覧ください。

a）der schlanke Mann、die mutige Frau

　スリムな男性、勇気ある女性【schlank スリムな、mutig 勇気ある】

b）der Schlanke、die Mutige

　スリムなカタ、勇気あるヒト

　a）グループの場合、意味のウエイトは名詞（Mann、Frau）にあり、その属性として「スリムな」「勇気のある」という意味が付加されます。それに対して、b）のグループでは、「スリムな」「勇気のある」という部分に意味の核があって、そこにスポットがあてられています。日本語に訳

す場合、これをどう翻訳に反映させるかというのは文脈によって決める
しかありません。

定冠詞を伴う形容詞の名詞化

　男性形、女性形の他、複数の人間を表す必要もあり、複数形の冠詞を
つけて集団を表すこともできます。

die Alten（お年寄り）

　以下の表で、形容詞名詞化の具体例を示します。なお、名詞扱いです
から当然格変化もします。

neu（新しい）→ **der/die Neue**（新人）、**die Neuen**（新人たち）

（新人）	男性	女性	複数
1格	der Neue	die Neue	die Neuen
2格	des Neuen	der Neuen	der Neuen
3格	dem Neuen	der Neuen	den Neuen
4格	den Neuen	die Neue	die Neuen

　この変化表は、形式的には21章の「定冠詞＋形容詞＋名詞」変化表
から名詞を取り去ったものです。つまり、形式的には名詞の省略形と思っ
ていただいても構いませんが、使い方の上では、前頁で触れた通りニュ
アンスの違いがあります。

不定冠詞を伴う形容詞の名詞化

　この用法には「不定冠詞＋形容詞」のパターンも存在します。その場
合は不定冠詞つきの名詞と同じことで「1人の〜な男／女」を表します。
また、無冠詞で複数の語尾を取ると不特定な複数の集団を表します。

nett（優しい）→ **ein Netter/eine Nette**（優しい人）、**Nette**（優しい人たち）

（優しい人）	男性	女性	複数
1格	ein Netter	eine Nette	Nette
2格	eines Netten	einer Netten	Netter
3格	einem Netten	einer Netten	Netten
4格	einen Netten	eine Nette	Nette

　この表は形式的には単数が「不定冠詞＋形容詞＋名詞」、複数が「形容詞＋名詞」の変化表(→21章)から名詞を省いたものです。

中性形の形容詞の名詞化

　「形容詞の名詞化」には、もう一つ「中性の定冠詞＋形容詞」という用法があります。男性・女性の用法が「人間」を表したのに対し、中性の用法は「もの」や「こと」を表現します。具体的には、das Gute「善」、das Schöne「美」といった形になります。抽象概念を表す中性の形容詞の名詞化には複数形は存在しません。

　また、中性形・形容詞の名詞化はetwas、nichts、vielといった語と一緒に、etwas Gutes「何か良いこと」、nichts Gutes「良いことは何もない」、viel Gutes「多くの良いこと」といった使い方をします。これは、英語の*something nice*や*nothing special*といった用法にあたります。

⇨ **Wir reden von** etwas Einmaligem.

　ユニークなことを言っています。【reden 語る、einmalig 比類のない】

⇨ **Ich will euch** etwas Schönes **zeigen.**

　素敵なものを見せてあげたい。【zeigen 見せる】

⇨ **Sie planen** nichts Gutes.

　彼らは良からぬことを企んでいる。【planen 計画する】

	善	何か良いもの	良いことは何もない
1格	das Gute	etwas Gutes	nichts Gutes
2格	des Guten	—	—
3格	dem Guten	etwas Gutem	nichts Gutem
4格	das Gute	etwas Gutes	nichts Gutes

　この表は形式的には中性の「定冠詞＋形容詞＋名詞」と「無冠詞＋形容詞」の変化表から名詞を取り去ったものと同じです。

＊ただし、etwas、nichts、vielなどと共に使う用法には２格は存在しません。

名詞化された形容詞の語彙化

　名詞化された形容詞の中には、しばしば使われることによって一般化し、辞書の見出し語として掲載されるものも少なくありません。

der/die Deutsche ドイツ人、**der/die Heilige** 聖人、**der/die Angestellte** 勤め人、**der/die Erwachsene** 大人、**der/die Verwandte** 親類、**der/die Bekannte** 知人、**der/die Studierende** 大学生など

　辞書の見出し語としては名詞扱いになりますが、通常の名詞と異なり、あくまで名詞化された形容詞なので、格変化の際に注意が必要です（上掲の表参照）。実際の使用例は以下の通りです。

⇨ **Er ist ein Angestellter dieser Firma.**

　彼はこの会社の社員です。【e Firma 会社】

⇨ **Sie ist eine gute Bekannte.**

　彼女は私たちが良く知っている人です。

⇨ **Deutsche diskutieren gern und viel.**

　ドイツ人（複数）は議論するのが大好きだ。【diskutieren 議論する、gern und viel 好んでたくさん】

⇨ **Das ist nur für** Erwachsene.

これは大人専用です。

⇨ **Und ich nehme ein** Dunkles.（＝**ein dunkles Bier**）

では、私は黒ビールにします。【dunkel ダークの】

　形容詞を名詞化する場合、男性形・女性形は名詞化の対象が人間・生物に限定されます。また中性形はほとんど全ての形容詞を名詞化することが可能です。形容詞名詞化のパターン一覧を以下に示しておきます。

	年配の男性	賢い女性	良いこと	頭のいい人たち
	男性	女性	中性	複数
1格	der Alte ein Alter	die Weise eine Weise	das Gute ein Gutes Gutes	die Intelligenten keine Intelligenten Intelligente
2格	des Alten eines Alten	der Weisen einer Weisen	des Guten eines Guten	der Intelligenten keiner Intelligenten Intelligenter
3格	den Alten einem Alten	der Weisen einer Weisen	dem Guten einem Guten Gutem	den Intelligenten keinen Intelligenten Intelligenten
4格	den Alten einen Alten	die Weise eine Weise	das Gute ein Gutes Gutes	die Intelligenten keine Intelligenten Intelligente

時制について

時制

　時間の流れは一般に「過去・現在・未来」という形で意識されますが、これが言葉にどのように反映されるかは、言語ごとにかなり異なります。中学時代の英語の時間に、「現在完了形」「過去完了形」などの用語を聞いて今一つピンとこなかった方もいらっしゃるのではないでしょうか？これは日本語に「現在完了形」や「過去完了形」がないことも一つの要因でしょう。この章では、ドイツ語にはどのような**時制（時間を表す文法的枠組み）**があり、どのような使い分けがなされているのかを俯瞰してみたいと思います。

ドイツ語の時制

　ドイツ語で主として使われる時制は「現在形」「過去形」「現在完了形」の3つです。この他に「未来形」「過去完了形」「未来完了形」が存在しますが、使われる頻度は低く、話し言葉ではほとんど用いられません。したがって、ドイツ語を学び始めたら、まず「現在形」「過去形」「現在完了形」の3つの時制に習熟することが大切です。

　以下で、この主要となる3つの時制の使われ方を簡単に説明します。

現在形

　1章ですでに学んだ「現在形」ですが、復習を兼ねてもう一度検討してみます。現在形は、名称の通り現在の出来事や行為を表しますが、そ

れ以外に、「習慣」「真理」「定義」なども表します。また、ドイツ語では未来の事柄も現在形で表すのが普通です。この点では日本語と似ています。

「彼は明日来ます」「音楽祭は5年後に開かれます」などの表現が日本語で普通であるように、ドイツ語でも

⇒ **Er kommt** morgen.

（▶）B30

彼は明日来ます。

⇒ **Die Garantie erlischt** nach 5 Jahren.

保証は5年後に切れる。【e Garantie 保証、erlöschen 消える】

など未来の事柄であっても現在形で表現されます。その場合には、未来であることを明示するために、「これから」「明日」「来週」「来年」「5年後」などの語句がしばしば付け加えられます。

　英語にある現在進行形（be動詞 + ~ ing「~しているところ」）がドイツ語にはなく、ここでも現在形が使われます。その場合は gerade か eben「今ちょうど」のような言葉を加えて、今進行中であることを示します。

⇒ **Ich schreibe** gerade **eine Mail.**

私はちょうどメールを書いているところです。【schreiben 書く、e Mail メール】

⇒ **Eben ruft jemand an.**

ちょうど誰かが電話をかけてきた。【an|rufen 電話をかける、jemand 誰かが】

　このように、ドイツ語では現在形の守備範囲がかなり広く、過去以外の全てを表すという意味で「現在形」＝「非過去形」と理解してもよいのかもしれません。

過去形

　原則的に、現在から切り離された過去の出来事を語る時制です。過去のある時点を基準点として語る時制と言えるかもしれません。しばしば

「物語の時制」と言われるのはそのためです。ただし、現実の会話では過去のことを語るときには、以下に示す「現在完了形」を多く用います。また「現在完了形」が基本であっても、さまざまな理由から「過去形」を混ぜて使うことがあります。ただし、話し言葉で過去形を使い過ぎると、不自然で、やや堅苦しく聞こえることがあります。また、特定の動詞 sein、haben、話法の助動詞は会話においても過去形で使われることが多く、それ以外にも思考・感覚・意見の表明を表す動詞（denken 考える、fühlen 感じる、meinen 思う、sagen 言う、finden 見なす、hören 聞こえる、sehen 見える）や gehen 行く、kommen 来る、spielen プレーする、zeigen 見せるなど日常頻繁に使われる動詞は過去形で使用されることが多いようです。これは、過去形の方が現在完了形よりも形式の上で短く、簡便であることによります。

現在完了形

ドイツ語では日常で過去のことについて話すときは、現在完了形が主流です。要するに、その使われ方において現在完了形は話し言葉における「過去形」とみなすことができます。ただし、上記にある通り、いくつかの使用頻度の高い動詞は、日常語においても過去形が用いられます。

動詞の 3 基本形

動詞の 3 基本形

　ドイツ語では、動詞の 3 つの基本形「不定詞」「過去形」「過去分詞」を使って、すべての時制を表現します。その点では、英語に似ています。どの時制においても主語の人称に合わせて語尾変化することは要注意です。「不定詞」からは現在形の文が作られ、「過去形」からは過去形の文が作られ、「過去分詞」からは完了形の文が作られます。動詞変化の基本となる 3 つの形という意味で、「不定詞」「過去形」「過去分詞」を一般に「3 基本形」と呼びます。不定詞に関してはすでに学んでいるので（1 章）、この章では、過去形と過去分詞について学びます。

規則動詞と不規則動詞

　ドイツ語の動詞は、その変化のパターンから「規則動詞」と「不規則動詞」に分けることができます。大半の動詞は規則動詞で、不規則動詞の数は 200 程度です。不規則動詞は数の上で少数ですが、昔から身近で使われていて使用頻度の高い動詞が多いのが特徴です。つまり歴史のある言葉であるため、なじんでいる古い形がそのまま現在まで残ってしまったということでしょう。一方で、他言語から流入したいわゆる外来語系の動詞は、規則動詞の形を取ります。

googeln（ググる）、**campen**（キャンプする）、**trampen**（ヒッチハイクする）など

　規則動詞と不規則動詞の 3 基本形を以下の表で見てみましょう。

	不定詞	過去形	過去分詞
規則動詞	malen（絵を描く）	malte	gemalt
	kaufen（買う）	kaufte	gekauft
不規則動詞	laufen（走る）	lief	gelaufen
	singen（歌う）	sang	gesungen
	denken（考える）	dachte	gedacht
	schlafen（眠る）	schlief	geschlafen
	essen（食べる）	aß	gegessen

規則動詞の過去・過去分詞

　規則動詞の過去形、過去分詞は次のように作ることができます。

　不定詞の語尾（-enまたは-n）を除いた部分（＝語幹）に「-te」をつけます。

machen（する）→ mach＋te → machte

wandern（ハイキングする）→ wander＋te → wanderte

　過去分詞の場合は、以下の通りです。

　不定詞の語幹を、「ge」と「t」で「ge＋語幹＋t」のように挟みます。これで過去分詞になります。

fragen（質問する）→ ge＋frag＋t → gefragt

feiern（祝う）→ ge＋feier＋t → gefeiert

　規則動詞は、不定詞から規則的なパターンで過去形・過去分詞を作ることができ、また３つの形を通して語幹の形は変わりません。

過去形は、「語幹＋te」

過去分詞は、「ge＋語幹＋t」

ただし、発音がしにくいという理由から、語幹が「-d」「-t」「-gn」などで終わる場合は、以下のように「e」の音を補います。

arbeiten（働く）→ arbeit＋e＋te → arbeitete ⇒ ge＋arbeit＋e＋t → gearbeitet

reden（しゃべる）→ red＋e＋te → redete ⇒ ge＋red＋e＋t → geredet

regnen（雨が降る）→ regn＋e＋te → regnete ⇒ ge＋regn＋e＋t → geregnet

　規則動詞は規則的に変化するため、辞書で検索しても多くの場合不定詞形（見出し語）しか載せられていません。

不規則動詞の過去・過去分詞

　不規則動詞では、不定詞から過去形、過去分詞になったとき、語幹の一部に変化が生じます。

　以下、いくつかの動詞の３基本形を見てみます。

sein（〜である）＝ 英語 *to be*	war	gewesen
haben（持っている）＝ 英語 *to have*	hatte	gehabt
werden（〜になる）	wurde	geworden
denken（考える）	dachte	gedacht
geben（与える）	gab	gegeben
fliegen（飛ぶ）	flog	geflogen
gehen（行く）	ging	gegangen

　要するに、不規則動詞は、不定詞、過去形、過去分詞という３基本形において、母音の変化も伴った不規則な変化をする動詞です。この変化は、単純な規則にまとめることが難しいので、学習者にはその都度覚えていただくのが早道だと思います。

不規則動詞は、いくつかの変化パターンを伴うので、辞書では、見出し語の直後に過去形・過去分詞形が掲載されています。また多くの辞書では、巻末に一括して不規則動詞変化表がつけられています（本書も同じです。p.278以下参照）。

分離動詞の過去・過去分詞

　分離動詞の過去形は、動詞本体を過去形にして、その前に前綴りをつけます。ausmachen「（照明・火などを）消す」の例を見てみましょう。

aus|machen
machte
 > machte aus

B31

　文で使われるときは、現在形の場合と同じく、動詞本体と前綴りは離れて置かれます。

⇨ Ich mache das Licht aus. 私は明かりを消す。（現在形）
⇨ Ich machte das Licht aus. 私は明かりを消した。（過去形）

　過去分詞は、動詞本体の過去分詞の前に前綴りをつけます。

aus|machen
gemacht
 > ausgemacht

　過去分詞は常に一体で動きます。

⇨ Ich habe das Licht ausgemacht.

非分離動詞の過去・過去分詞

　分離動詞と間違えやすい複合動詞に「非分離動詞」（be-、emp-、ent-、

er-、ge-、miss-、zer-、ver- などのついた動詞）があります。この非分離動詞の過去形は、以下のようにして作ります。

verkaufen（売る）→ verkaufte

bekommen（もらう）→ bekam

erfahren（経験する）→ erfuhr

verstehen（理解する）→ verstand

　要するに、動詞本体の過去基本形に「be-」「er-」「ver-」などの「非分離前綴り」をつけ、元のような形に戻します。

　非分離動詞の過去分詞は以下のようになります（参考のため動詞本体と非分離動詞の3基本形を挙げておきますので、見比べてください）。

kaufen	kaufte	gekauft
verkaufen	verkaufte	verkauft
kommen	kam	gekommen
bekommen	bekam	bekommen
fahren	fuhr	gefahren
erfahren	erfuhr	erfahren

不定詞	過去形	過去分詞
kaufen	kaufte	ge kauft
verkaufen	verkaufte	verkauft

要注意！

　非分離動詞の過去分詞では、動詞本体の過去分詞から ge が消え、非分離前つづりだけがつきます。

このような非分離動詞を作る前綴りには以下のようなものがあります。be-、emp-、ent-、er-、ge-、hinter-、 miss-、zer-、ver-：begreifen（把握する）、empfinden（感じる）、entwenden（ぬすむ）、erstaunen（驚く）、gefallen（気に入る）、missverstehen（誤解する）、zerstören（破壊する）、verneinen（否定する）。

　数は少ないものの、稀にüber-など、分離前綴りになったり非分離前綴りになったりするものもあります。

übersetzen「（川などを）渡す」分離動詞

übersetzen「翻訳する」非分離動詞　　　→ 下線部にアクセント

不定詞の語尾が「-ieren」となる動詞について

　外来語起源であるこのタイプの動詞は、すべて規則動詞ですが、ただし過去分詞で「ge-」をつけません。

（不定詞）**studieren** （過去形）**studierte** （過去分詞）**studiert**

【（大学で）勉強する、研究する】

（不定詞）**musizieren** （過去形）**musizierte** （過去分詞）**musiziert**

【演奏する】

練習問題

練習 24a 空欄を埋めてみましょう。

	不定詞	過去基本形	過去分詞
1.	sein		
2.	haben		
3.	werden		
4.	kommen		
5.	gehen		
6.	fahren		
7.	essen		
8.	trinken		
9.	schreiben		
10.	sprechen		
11.	waschen		
12.	tragen		
13.	nehmen		
14.	kennen		
15.	wissen		
16.	halten		
17.	heißen		
18.	liegen		
19.	rufen		
20.	schlafen		
21.	bleiben		

過去形とその使い方

Ich wusste das nicht.

私はそれを知らなかった。

B32

　この章では、ドイツ語における過去形の使い方を学ぶことにします。

過去人称変化

　過去形も人称変化しますが、現在人称変化とよく似ています。

人称	不定詞（machenする）＝ 規則動詞		不定詞（gehen行く）＝ 不規則動詞	
	現在人称変化	過去人称変化	現在人称変化	過去人称変化
ich	mache	machte	gehe	ging
du	machst	machtest	gehst	gingst
er/sie/es	macht	machte	geht	ging
wir	machen	machten	gehen	gingen
ihr	macht	machtet	geht	gingt
sie/Sie	machen	machten	gehen	gingen

　ほぼ現在人称変化の変化語尾と同一ですが、過去人称変化ではichとerの部分だけが「ゼロ語尾」となります。

過去形の文

　動詞のみ過去人称変化をする以外、現在形の文と同じ形になります。

現在形：**Ich habe leider keine Zeit.**

　　残念ながら時間がない。【leider 残念ながら】

過去形：Ich hatte leider keine Zeit.

　　　　残念ながら時間がなかった。

　分離動詞の場合も、動詞本体が過去人称変化するだけです。

auf|stehen（起床する）

⇨ Sie steht morgens immer um 7 Uhr auf.

　彼女はいつも朝 7 時に起きます。

⇨ Sie stand morgens immer um 7 Uhr auf.

　彼女はいつも朝 7 時に起きました。

助動詞の過去形と過去人称変化

　助動詞が使われている文では、現在形の場合と同じく、本動詞は不定形のまま文末に置き、助動詞のみ過去人称変化します。

不定詞	können できる	müssen ねばならない	dürfen してよい	wollen つもりだ	sollen すべきだ	mögen かもしれない
過去形	konnte	musste	durfte	wollte	sollte	mochte
ich	konnte	musste	durfte	wollte	sollte	mochte
du	konntest	musstest	durftest	wolltest	solltest	mochtest
er/sie/es	konnte	musste	durfte	wollte	sollte	mochte
wir	konnten	mussten	durften	wollten	sollten	mochten
ihr	konntet	musstet	durftet	wolltet	solltet	mochtet
sie	konnten	mussten	durften	wollten	sollten	mochten
Sie	konnten	mussten	durften	wollten	sollten	mochten

　人称変化語尾は、通常の動詞の過去人称変化と同じです。また、文においても語の並び方は現在形も過去形も同じになります。

⇨ **Er kann das nicht wissen.**

彼はそれを知ることができません。

⇨ **Er konnte das nicht wissen.**

彼は知ることができなかった。

⇨ **Wir müssen das gleich erledigen.**

私たちはすぐにこれをやらなければなりません。【gleich すぐに、erledigen 片付ける】

⇨ **Wir mussten das gleich erledigen.**

私たちはすぐにそれをやらなければなりませんでした。

現在形の場合と同じように、助動詞が定動詞となり過去人称変化するということです。

過去形の使われ方

ドイツ語では、「過去形」は特に新聞、雑誌、文学作品、物語、童話などで使われます。物語で重用される過去形は「語りの時制」と呼ばれることもあるように、過去の事実を、その時点に立ち返って再現するという性格を持っています。

子どもは童話の読み聞かせなどを通して、早い段階で過去形に出会い、一つの文体として覚え込んでしまいます。しかしながら日常会話においては、「過去」のできごとを表現する際に「現在完了形」が多用されるため、子どもも日常的には大人と同じように現在完了形を用いることになります（現在完了については次の26章を参照）。

また、ネット、ラジオ、テレビなどのメディア上でニュースなどを伝えるときに、過去形が使われるのが普通です。この場合は基本的に過去の事実に即した報道となります。

● メディア・ニュース

⇨ **Der japanische Außenminister** traf **seinen thailändischen Amtskollegen.**

日本の外務大臣はタイの外務大臣に会いました。【japanisch 日本の、r Außenminister 外務大臣、treffen 会う、thailändisch タイの、r Amtskollege カウンタパート】

⇨ **Sie** hörten **die Nachrichten mit der Wettervorhersage.**

ニュースと天気予報でした。【d Nachrichten ニュース、e Wettervorhersage 天気予報】

● 雑誌

⇨ **Der Schauspieler** erhielt **für seine Filmrolle einen Oscar.**

その俳優は彼の演技に対しアカデミー賞を受賞した。【r Schauspieler 俳優、erhalten 受け取る、e Filmrolle 映画での役柄、r Oscar アカデミー賞】

● 文学

⇨ **Natürlich** war **das Lernen des Englischen Karls erste und wichtigste Aufgabe.**

もちろん、英語の習得はカールの最初の、そして最も重要な課題であった。【natürlich もちろん、s Lernen 学習、s Englische 英語、erst 最初の、wichtigst 最重要の、e Aufgabe 課題】（カフカ『アメリカ』より）

● 童話

⇨ **Als Rotkäppchen nun in den Wald** kam, begegnete **ihm der Wolf.**

さて赤ずきんちゃんが森に入って行くと、オオカミに出会いました。【s Rotkäppchen 赤ずきんちゃん、r Wald 森、jm begegnen 〜に出会う、r Wolf オオカミ】

練習問題

練習 25a 次の［動詞］を過去人称変化させて（　）内に入れてください。全て規則動詞です。

（1）［arbeiten 働く］→ Sie（　　　　　　　）zusammen.
　　　彼らは一緒に働いた。

（2）［regnen 雨が降る］→ Es（　　　　　　　）stark.
　　　大雨が降っていた。【stark 強い】

（3）［sagen 言う］→ Ich（　　　　　　　）das.
　　　私はそう申し上げました。

（4）［auf|machen 開ける］→ Sie（　　　　　　　）die Tür auf.
　　　彼女はドアを開けました。【e Tür ドア】

練習 25b 次の［動詞］を過去人称変化させて（　）内に入れてください。全て不規則動詞です。

（1）［schreiben 書く］→ Er（　　　　　　　）es auf Deutsch.
　　　彼はそれをドイツ語で書いた。【auf Deutsch ドイツ語で】

（2）［helfen 手伝う］→ Ihr（　　　　　　　）mir nicht.
　　　君たちは私を助けてくれなかった。

（3）［gehen 行く］→ Ich（　　　　　　　）nach Haus.
　　　私は家に帰った。【nach Haus 家へ】

（4）［verbrennen 燃やす］→ Sie（　　　　　　　）die Gartenabfälle.
　　　彼らは庭のゴミを燃やした。【d Gartenabfälle 庭のゴミ】

練習 25c 次の［助動詞］を過去人称変化させて（　）内に入れてください。

（1）［wollen］→ Ich（　　　　　　）das hören.

それを聞きたかった。【hören 聞く】

（2）［dürfen］→ Wir（　　　　　）das nicht sagen.

私たちはそれを言ってはいけなかった。【sagen 言う】

（3）［können］→ Sie（　　　　　）das nicht wissen.

彼らはそれを知ることができなかった。

（4）［müssen］→ Wir（　　　　　）das einfach machen.

私たちはそれをやるしかなかった。【einfach 当然】

現在完了形とその使い方

Wir haben es gleich verstanden.
私たちはそれをすぐに理解した。

B33

ドイツ語の現在完了形

　現在完了形は、話し言葉で過去の出来事を表現するときに使われます。この点が英語とはかなり異なるので，十分に注意してください。そのため、英語と違って、過去を示す語（gestern昨日、letztes Jahr昨年など）も現在完了形と一緒に使うことができます。もう一つ英語と異なる点は、ドイツ語では一部の動詞で完了形を作るとき sein を助動詞として使うという点です。

⇨ **Ich** habe **das schon gestern** gemacht.

　私はすでに昨日それを済ませた。【schon すでに、gestern 昨日】

⇨ **Letzte Woche** sind **wir zur Oma** gefahren.

　先週、おばあちゃんに会いに行きました。【letzte Woche 先週】

過去形との使い分け

　ただし、日常会話で sein、haben、話法の助動詞や頻繁に使われる比較的短い動詞は現在完了ではなく「過去形」で使用される傾向にあります（25章「過去形」参照）。過去形でよく使われる動詞の具体例としては、denken 考える、fühlen 感じる、empfinden 感じる、meinen 思う、sagen 言う、rufen 呼ぶ、schreien 叫ぶ、singen 歌う、finden 見なす、hören 聞こえる、sehen 見える、gehen 行く、kommen 来る、laufen 走る、spielen プレーする、zeigen 見せる、など。

⇨ **Ich war gestern nicht zu Haus.**

私は昨日家にいませんでした。【zu Haus 家に】

⇨ **Er sollte das nicht tun.**

彼はこれをすべきではなかった。【tun する】

⇨ **Er schrie: „Hör auf!"**

彼は叫んだ：「やめて！」【auf|hören やめる】

⇨ **Wir gingen schon früh nach Hause.**

私たちは早く家に帰った。【früh 早い】

「haben + 過去分詞」による現在完了形

ほとんどの動詞*は「完了の助動詞haben + 本動詞の過去分詞」という形で完了形を作ります。完了でhabenを助動詞とする動詞を「haben支配」の動詞と呼びます。本動詞の過去分詞は文末に置かれます。

Ich habe das Buch gestern gekauft. 私はその本を昨日買いました。

	完了の助動詞		本動詞の過去分詞
Ich	habe	das Buch gestern	gekauft.

*ここには、全ての他動詞と大部分の自動詞、それにkönnen、müssen
などの助動詞が含まれます。気をつけたいのは、ドイツ語で「他動詞」
とは、「4格目的語を取る動詞」のみを指します。3格の目的語を取る
動詞は他動詞に含まれません。

○ 他動詞：Wir kaufen **das Auto.** das Autoは**4格**。【s Auto 自動車】

× 他動詞：Wir helfen **dem Mann.** dem Mannは**3格**。【r Mann 男】

● **haben を助動詞とした現在完了の例**

⇨ **Er hat das Paket zur Post gebracht.**

彼は荷物を郵便局に持って行った。【s Paket 小包、e Post 郵便局、bringen 持って

行く】

⇨ **Wir** haben **es** gesehen.

私たちはそれを見ました。【sehen 見る】

⇨ **Das** habe **ich nicht** verstanden.

理解できませんでした。【verstehen 理解する】

⇨ Habt **ihr alles** mitgebracht?

すべてを持ってきましたか？【mit|bringen 持参する】

「sein + 過去分詞」による現在完了形

　自動詞（4格目的語を取らない動詞）の中で、次のような意味を持った動詞が「sein + 本動詞の過去分詞」という形で完了形を作ります。完了でseinを助動詞とする動詞を「sein支配」の動詞と呼びます。

a) 特定の方向への移動や場所の変更を意味する動詞：gehen 行く、fahren 乗り物で行く、fliegen 飛ぶ、reisen 旅行する、schwimmen 泳ぐ、aufstehen 起き上がる、steigen 登る など

b) コントロールできない動きや変化を表す動詞：stolpern 躓く、stürzen 転倒する、einschlafen 眠り込む、aufwachen 目覚める、sterben 死ぬ、geschehen 起こる、gelingen うまくいく

c) sein、werden、bleiben 留まる

Ich bin **gestern in die Stadt** gefahren. 私は昨日町へ行きました。

	完了の助動詞		本動詞の過去分詞
Ich	bin	gestern in die Stadt	gefahren.

⇨ **Wann** bist **du heute** aufgestanden?

今日は何時に起きましたか？【auf|stehen 起床する】

⇨ Seid **ihr alle zusammen** gefahren?

みんなで乗って行ったの？【alle zusammen みんなで一緒に】

⇨ **Das Kind** ist **gleich** eingeschlafen.

子どもはすぐに眠ってしまった。【gleich たちまち、ein|schlafen 眠り込む】

完了形における定動詞の位置

　ここで、確認のため完了形における定動詞の位置について整理しておきます。14 章で見たように、助動詞が加わった文では、助動詞が主語に対して現在人称変化を起こし、定動詞となりました。それと同じように、ここでも完了の助動詞haben/seinが定動詞となり、所定の位置に置かれます。

● 平叙文

Sie haben zusammen im Café gesessen.

彼らは一緒にカフェに座っていました。【zusammen 一緒に、s Café カフェ、gesessen ＜ sitzen 座っている】

Er ist gestern nach Straßburg gefahren.

彼は昨日シュトラースブルクへ行きました。

主語	完了の助動詞		本動詞の過去分詞
Sie	haben	zusammen im Café	gesessen.
Er	ist	gestern nach Straßburg	gefahren.

● 疑問詞のない疑問文

完了の助動詞	主語		本動詞の過去分詞
Haben	sie	zusammen im Café	gesessen?
Ist	er	gestern nach Straßburg	gefahren?

● 疑問詞付き疑問文

疑問詞	完了の助動詞	主語		本動詞の過去分詞
Wo	haben	sie	zusammen	gesessen?
Wann	ist	er	nach Straßburg	gefahren?

● 副文

従属の接続詞	主語		本動詞の過去分詞	完了の助動詞
dass	sie	zusammen im Café	gesessen	haben
dass	er	gestern nach Straßburg	gefahren	ist

分離動詞・非分離動詞の完了形

　分離動詞・非分離動詞の過去分詞は一語で綴られるため、そのままの形で文末に置きます。

⇨ **Ich** habe **heute alles** eingekauft.

　私は今日全部買ってきました。【ein|kaufen 買い込む】

⇨ **Wir** sind **eben** abgefahren.

　私たちはたった今出発したところです。【eben ちょうど、ab|fahren 出発する】

⇨ **Ich** habe **alles** vergessen.

　私は全て忘れてしまった。【vergessen 忘れる】

⇨ **Es** ist gelungen.

　それはうまくいった。【gelingen うまくいく】

können、müssen など助動詞の完了形

　使う頻度は高くありませんが、können、müssen などの助動詞も完了

形を作ります。これらの助動詞は、本動詞を伴った助動詞として使われる限り、過去分詞は不定詞と同形になります（過去分詞形：können、müssen、wollen、dürfen、sollen、mögen）が、本動詞が省略され助動詞が単独で使用された場合は、それぞれgekonnt、gemusst、gewollt、gedurft、gesollt、gemochtという過去分詞を使います。

　以下で例文はあえて訳し分けています。

現　　在：**Ich muss sofort zu ihm gehen.**

　　　　　私はすぐに彼のところに行かねばならない。【sofort すぐに】

過　　去：**Ich musste sofort zu ihm gehen.**

　　　　　私はすぐに彼のところへ行かねばならなかった。

現在完了：**Ich habe sofort zu ihm gehen müssen.**

　　　　　私はすぐに彼のところへ行かねばならなくなった

現　　在：**Ich kann das nicht.**

　　　　　私はそれができない。

過　　去：**Ich konnte das nicht.**

　　　　　私はそれができなかった。

現在完了：**Ich habe das nicht gekonnt.**

　　　　　私はそれができなくなった。

練習問題

▶

練習26a 【 】内のヒントを参考に、和文に相当する現在完了の文を作ってください。過去分詞となる動詞は全てhaben支配の規則動詞です。

（1）Er（　　　）die Flasche（　　　　　　　　　）.

彼は瓶を開けた。【e Flasche 瓶、auf|machen 開ける】

（2）Was（　　　）du gestern（　　　　　　　）?

昨日何をしましたか？【machen する】

（3）Wo（　　　）du sie（　　　　　　）?

どこで彼女と知り合ったのですか？【jn kennen|lernen 人⁴と知り合う】

（4）Die Leute（　　　）den ganzen Tag（　　　　　　　）.

人々は一日中働いた。【d Leute 人々、den ganzen Tag 一日中、arbeiten 働く】

▶

練習26b 【 】内のヒントを参考に、和文に相当する現在完了の文を作ってください。過去分詞となる動詞は全てhaben支配の不規則動詞です。

（1）Wir（　　　）ihm（　　　　　　）.

私たちは彼を助けました。【jm helfen 人³に手を貸す】

（2）Sie（　　　）das Buch（　　　　　）.

彼女はその本を読んだ。【lesen 読む】

（3）（　　　）Sie gut（　　　　　　）?

よく眠れましたか？【schlafen 眠る】

（4）Wir（　　　）zusammen Eis（　　　　　　　）.

一緒にアイスクリームを食べました。【essen 食べる】

練習26c 【 】内のヒントを参考に、和文に相当する現在完了の文を作ってください。過去分詞となる動詞は全て sein 支配の動詞です。

（1）Wo（　　　　）Sie（　　　　　　　　）?
どこで降りましたか？【aus|steigen 下車する】

（2）Sie（　　　　）heute Morgen（　　　　　　　　）.
彼女は今朝出発した。【heute Morgen 今朝、ab|fahren 出発する】

（3）Sie（　　　　）zusammen in die Stadt（　　　　　　　　）.
彼らは一緒に町に出かけました。【gehen 行く】

（4）（　　　）ihr gestern auch spazieren（　　　　　　　　）?
昨日もドライブに行きましたか？【spazieren fahren ドライブに行く】

▶

練習26d 【 】内のヒントを参考に、和文に相当する現在完了の文を作ってください。

（1）Als der Taifun nahte,（　　　　）wir die Fenster（　　　　　　　）.
台風が近づいた時、窓を閉めました。【r Taifun 台風、nahen 近づく、d Fenster＜s Fenster 窓、schließen 閉じる】

（2）Da es schon spät war,（　　　）wir（　　　　　　　）.
もう遅かったので、行きました。【spät 時間が遅い】

（3）Sie möchten wissen, ob ihr schon etwas（　　　　　　　）
（　　　）.
君たちがもう何か食べたかどうか知りたがっています。【etwas 何か、essen 食べる】

（4）Wir（　　　）（　　　　　　　）, dass es nicht（　　　　　　　）
（　　　）.
それがうまくいかなかったことは、理解しました。【verstehen 理解する、klappen うまく行く】

過去完了形・未来完了形について

Der Zug war schon abgefahren, als ich dort ankam.

私が着いたときには、列車はもう出たあとだった。

B34

過去完了形

　現在完了形が、現在を起点として過去のことを語る時制であるとすると、過去完了形は過去のある時点を起点として、それ以前に起こった出来事を語る時制ということになります。

　例えば、「その時、列車は出発した」という文を考えます。これは現在から見て過去のことなので、過去・現在完了で表現できます。

⇨**Der Zug** ist abgefahren.

　それに対して、「私が駅に着いたとき、列車はすでに出発してしまっていた」という文では、事情は多少複雑です。「私が駅に着いたとき」を基準となる時点とすると、「列車が出発した」のはそれ以前ということになります。つまり過去のある時点から見て、さらに前の過去の時点になります。時制の区別が明確なドイツ語では、このようなときに過去完了を用いることになります。

a) **Der Zug** war abgefahren, als ich auf dem Bahnhof ankam.

　私が着いたときには、列車はもう駅を出たあとだった。

　【als ～したとき、r Bahnhof 駅、an|kommen 到着する】

　別の例を見てみましょう。

b) **Nachdem** er zu Mittag gegessen hatte, verließ er das Haus.

　彼は昼食を食べ終わったあとで、家を出た。【nachdem ～してしまった後で（従続の接続詞）、zu Mittag essen 昼食を食べる、verlassen 離れる】

　ここでは、「家を出た」時点には、すでに「昼食を食べ終えていた」こ

とになります。（例文a、bのように過去完了形と過去形が同時に使われる場合、過去形に代わり現在完了形が使われることはまれです。）

過去完了形の作り方

　過去完了形の作り方は単純で、完了の助動詞を過去人称変化させればできます。

人称	完了の助動詞	
ich	hatte	
du	hattest	
er/sie/es	hatte	+過去分詞
wir	hatten	
ihr	hattet	
sie/Sie	hatten	

人称	完了の助動詞	
ich	war	
du	warst	
er/sie/es	war	
wir	waren	+過去分詞
ihr	wart	
sie/Sie	waren	

（▶）

⇒ **Die Zwerge fanden Schneewittchen, nachdem sie den vergifteten Apfel** gegessen hatte.

白雪姫が毒入りのリンゴを食べてしまった後で、小人たちは彼女を見つけました。【d Zwerge ＜ r Zwerg 小人、s Schneewittchen 白雪姫、nachdem 〜してしまった後で、vergiftet 毒入りの、r Apfel リンゴ】

⇒ **Sie war schon zwei Stunden gefahren, als sie merkte, dass sie ihren Führerschein** vergessen hatte.

彼女が運転免許を忘れたことに気づいたときには、すでに２時間車を運転していた。【d Stunden ＜ e Stunde 時間、merken 気づく、r Führerschein 運転免許証、vergessen 忘れる】

⇒ **Bevor sie aufs Land zogen,** hatten **sie lange** überlegt.

田舎に引っ越す前、彼らは長いこといろいろ考えた。【bevor 〜のまえに、aufs

Land 田舎へ、ziehen 引っ越す、lange 長く、überlegen 熟考する】

⇨ **Nachdem er lange seinen Schlüssel** gesucht hatte, **fand er ihn.**

彼は長いこと鍵を探したあげく、それを見つけた。【r Schlüssel 鍵、suchen 探す、

finden 見つける】

未来完了形

未来完了形は、「未来の助動詞 werden の現在人称変化 + 過去分詞 + 完了の助動詞 haben/sein」という形で作られます。

人称	未来の助動詞		完了不定詞*
ich	werde	…	
du	wirst	…	
er	wird	…	過去分詞 + haben/sein
wir	werden	…	
ihr	werdet	…	
sie/Sie	werden	…	

まず、以下の例をご覧ください。

⇨ **Er** wird **heute Abend den Bericht fertig** geschrieben haben.

彼は今晩その報告書を書き上げてしまっているでしょう。【r Bericht 報告、fertig 出来上がって】

主語	未来形の助動詞		過去分詞 + haben / sein
Er	wird	heute Abend den Bericht fertig	geschrieben haben

未来完了形は、上の例文に見られるように「未来のある時点で完了している」事態を表現しますが、実際には多くの場合「過去の出来事についての推量」を表します。次の例をご覧ください。

未来完了形は、上の例文にも見られるように「未来のある時点で完了

している」事態を表しますが、実際には多くの場合「過去の出来事についての推量」を表します。

⇨ **Sie wird glücklich gewesen sein.** 彼女は幸せだったのだろう。

　未来形（werden＋不定詞）は、不確実さ「〜らしい」という観点から未来と同時に現在の状態への推量ともなりました（14章）。ここでは同じ未来形が完了形（過去分詞＋haben/sein「〜だった」）と結びつくことで、過去の事態についての推量表現となっているのです。

（未来形）　　　**Er wird krank sein.**　　　　彼は病気なのだろう。

（未来完了形）**Er wird krank gewesen sein.** 彼は病気だったのだろう。

　未来形が主として現在の事態についての推量を表すのに対し、未来完了形は過去の事態についての推量を表現するのです。

⇨ **Sie wird in dem Hotel wohnen.**【wohnen泊まる】

　彼女はそのホテルに泊まる（泊まっている）のでしょう。

　　　　　　　　　　　　　　　　　→　未来（または現在）に対する推量

⇨ **Sie wird in dem Hotel gewohnt haben.**

　彼女はそのホテルに泊まったのでしょう。→ 過去のある出来事に対する推量

完了不定詞

　動詞の不定詞（例えばsitzen、kommen）に対して、gesessen habenやgekommen seinのような過去分詞＋haben/seinの形を「完了不定詞」と言います。不定詞を定動詞として人称変化させると文ができたように、完了不定詞の末尾に置かれたhabenもしくはseinを定動詞として人称変化させると文になります。

（不定詞）　　　**essen → Ich esse. Er isst.** 私／彼は食べる。

（不定詞）　　　**kommen → Ich komme. Er kommt.** 私／彼は来る。

（完了不定詞）**gegessen haben → Ich habe gegessen. Er hat gegessen.**

　　　　　　　私／彼は食べた。

（完了不定詞）　gekommen sein → Ich bin gekommen. Er ist gekommen.

私 / 彼は来た。

未来完了形の実例

● **未来の時点における完了**

⇨ **Man wird das in Zukunft wohl vergessen haben.**

人はそのことを将来はたぶん忘れてしまうだろう。【man 一般人称としての「人」、

in Zukunft 将来、vergessen 忘れる】

● **過去の出来事に対する推量**

⇨ **Das wird man damals wohl übersehen haben.**

これを当時人々は見過ごしてしまったのでしょう。【damals 当時、übersehen 見

落とす】

⇨ **Er wird schon vor einigen Jahren fortgezogen sein.**

彼はもう数年前にどこかへ引っ越してしまったらしい。【vor einigen Jahren 数年

前、fort|ziehen（その地を）離れる】

ドイツ語「時制」のイメージング

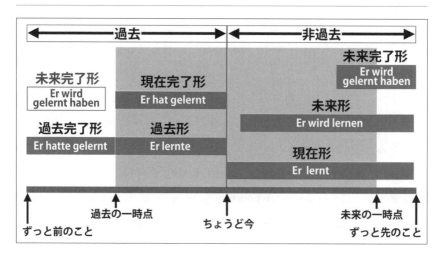

28　再帰代名詞と再帰動詞

再帰代名詞と再帰動詞

Wir haben uns verabredet.
私たちは会う約束をしました。

B35

再帰代名詞 sich

duschen「～をシャワーで洗い流す（＝シャワーを浴びる）」を使った次の3つの文を較べてみてください

a）**Ich dusche** mich.

　私は私をシャワーで洗い流す。

　（＝私はシャワーを浴びる）

b）**Du duschst** dich.

　君は君をシャワーで洗い流す。

　（＝君はシャワーを浴びる）

c）**Er duscht** ihn.

　彼は彼をシャワーで洗い流す。

　（彼は彼にシャワーをかける）

　一見同じような文に見えますが、実はa）・b）とc）には大きな違いがあります。a）とb）がそれぞれ「自分自身の身体を洗う」ことは明らかですが、c）はそうとは言えません。実は、c）の文は「彼は彼自身の身体を洗う」という意味にはなりません。次の文を見てください。

⇨ **Er duscht seinen Hund.**

　彼は犬をシャワーで洗います【r Hund 犬】

　この文の seinen Hund を→ ihn と代名詞に置き換えると、次の文ができます。Er duscht ihn（ihn ＝男性4格の代名詞）.

　この文では主語の Er と目的語の ihn は同一ではありませんね。では「彼自身の身体を洗う」と表現したいとき、どうすればよいのでしょうか？その場合は、「彼自身」「彼女自身」を表す sich という特別な代名詞を使います。→ Er duscht sich. 彼はシャワーを浴びる。

　同様に

⇨ **Er wäscht sich gründlich.**

　彼は彼自身の身体を徹底的に洗う。【waschen 洗う、gründlich 徹底的に】

⇨ **Sie wäscht sich oft stundenlang.**

　彼女はしばしば長い時間をかけて彼女自身の身体を洗う。【stundenlang 数時間】

　この sich のような代名詞を、主語を再び繰り返すという意味で「再帰代名詞」と呼びます、つまり、再帰代名詞を使うと、主語と目的語が同じ人物を指すことになります。

　例文 a) の mich や b) の dich も機能としては再帰代名詞の役割を果たしているのですが、「私（たち）自身」「君（たち）自身」という時には、このような混乱は起こらないので、特別な形を作らず人称代名詞の４格をそのまま使っているのです（13章「人称とは何か？」参照）。

＊英語ではこのようなケースで *myself、yourself、himself、herself* が使われます。

再帰代名詞を使った動詞表現

　「自分自身を」という再帰代名詞を使うことで、しばしば他動詞表現 a) が自動詞表現 b) に変わります。次の例を見てください。

● **legen「〜を横たえる」**

a) **Das Kind hatte Fieber. Sie legte es aufs Bett.**

子どもは熱があった。彼女はその子をベッドの上へ寝かせた。【s Fieber 熱、 s Bett ベッド】

b) **Ich hatte hohes Fieber. Ich legte mich aufs Bett.**

私は高熱があった。私はベッドの上へ身を横たえた（＝自分自身を横たえた）。

c) **Er war todmüde. Er legte sich aufs Bett.**

彼は死ぬほど疲れていた。彼はベッドに横になった。【todmüde 死ぬほど疲れた】

● **vor|stellen「〜を紹介する」**

a) **Ich stelle sie ihnen vor.** 私は彼女を彼らに紹介する。

b) **Ich stelle mich ihnen vor.** 私は彼らに自己紹介をする。

c) **Sie stellt sich ihnen vor.** 彼女は彼らに自己紹介をする。

＊vor|stellenは分離動詞ですが、動詞の使い方は再帰表現であっても同じです。

再帰動詞

　このような再帰代名詞を伴った表現を「再帰表現」といい、日常的に再帰代名詞を伴って使われるようになった動詞を「再帰動詞」と呼びます。

　再帰動詞は辞書などでは、囲という記号の他、しばしばsich rasieren「髭を剃る」、sich setzen「座る」、sich interessieren「興味を持つ」、sich freuen「喜ぶ」、sich erinnern「思い出す」などのように、不定詞の前にsichをつけて表記されます。また、再帰動詞は完了形を作るとき、完了の助動詞としては常にhabenを用います。

例：**sich erinnern → Ich habe mich erinnert.** 思い出した。

これまで見てきた再帰動詞は、元となる他動詞が存在し、再帰代名詞との組合せで再帰表現の意味をそれなりに辿ることもできました。中には元となる他動詞が使われなくなったり、また再帰動詞として独自の意味を獲得した動詞もあります。例えば sich erkälten「風邪を引く」に対する erkälten という他動詞の通常用法はありません。この例に見られるように、再帰動詞は独立した一つのユニットと捉えるのが適切です。

sich **verspäten**（遅刻する）

sich **beeilen**（急ぐ）

sich **schämen**（恥じる）

3格の再帰代名詞

また再帰動詞の中には，少数ですが3格の再帰代名詞を伴うものもあります。その場合、3人称の再帰代名詞は4格と同じく sich となりますが、辞書では「sich^3」などの表記で、3格の再帰代名詞であることを明示します。

sich^3 et^4 vor|stellen「物^{4}を想像する」

⇨ **Ich stelle mir die Szene vor.**

私はそのシーンを想像する。【e Szene 光景】

⇨ **Sie stellt sich die Szene vor.**

彼女はそのシーンを想像する。

3格の目的語はしばしば行為の関心（誰のためか？）を表現しますが、その際にも sich が使われることになります。

a）**Die Mutter kämmt der Tochter die Haare.**

母親は娘の（ために）髪をとかしてやる。【e Mutter 母、kämmen 髪を梳く、e Tochter 娘、d Haare < s Haar 髪】

b）Sie kämmt sich die Haare.

彼女は自分の髪をとかす。

相互代名詞

次の文を較べてみてください。

a）Wir lieben uns.

私たちは私たちが好きだ（お互いに愛し合っている）。【lieben 愛する】

b）Ihr liebt euch.

君達は君達を愛している（お互いに愛し合っている）。

c）Sie lieben sie.

彼らは彼ら（あの人たち）を愛している。

d）Sie lieben sich.

彼らはお互いを愛し合っている。

説明は不要かもしれませんが、c）の文は例えば「Die Eltern lieben ihre Kinder. 両親は子ども達を愛している」という文の Eltern と Kinder を代名詞に代えると生ずる文です。このように再帰代名詞は「お互いを／に」という意味でも使われ、その場合には「相互代名詞」と呼ばれることもあります。

⇨ **Die Studenten helfen sich gegenseitig.**

学生達は助け合っています。【d Studenten ＜ r Student 学生、gegenseitig 相互に】

⇨ **Sie verstehen sich gut.**

彼らはお互いをよく理解し合っています。【verstehen 理解する】

sich lassen ＋ 不定詞の形で、「～してもらう」「～される」

⇨ **Ich lasse mich fotografieren.**

私は写真を撮ってもらう。【fotografieren 写真を撮る】

⇨ **Wir lassen uns so bald wie möglich impfen.**

私たちは、できるだけ早くワクチンを打ってもらいます。【so bald wie möglich 可能な限り早く、impfen 予防接種をする】

練習問題

(▶)

練習 28a 適切な再帰代名詞を4格にして（　）内にいれてください。

（ 1 ）Ich muss（　　　）beeilen, damit ich（　　　）nicht verspäte.

私は急がなくてはならない、遅れないために。【sich beeilen 急ぐ、damit 〜するために、sich verspäten 遅れる】

（ 2 ）Du kommst zu spät, weil du（　　　）nicht beeilt hast.

君は遅刻だ、急がなかったからだよ。【zu 余りに、spät 遅い】

（ 3 ）Die beiden haben（　　　）sogleich verliebt.

2人はすぐに恋に落ちた。【die beiden 2人、sogleich たちまち、sich verlieben 恋に落ちる】

（ 4 ）Hänsel und Gretel verliefen（　　　）im Wald.

ヘンゼルとグレーテルは森の中で迷子になりました。【sich verlaufen 道に迷う、r Wald 森】

(▶)

練習 28b 適切な再帰代名詞を3格にして（　）内を埋めてください。

（ 1 ）Er putzt（　　　）die Zähne.

彼は歯を磨く。【sich die Zähne putzen 歯を磨く】

（ 2 ）Wir putzen（　　　）die Zähne.

私たちは歯を磨きます。

（ 3 ）Ich habe（　　　）im Keller den Kopf gestoßen.

私は地下室で頭をぶっつけた。【r Keller 地下室、sich den Kopf stoßen 頭をぶつける】

（ 4 ）Verbrenn（　　　）am Ofen nicht die Finger!

ストーブで指を火傷しないように！【sich die Finger verbrennen 指を火傷する、r Ofen ストーブ】

受動表現

Das wird nächste Woche erledigt.
それは来週処理されます。

B36

能動文と受動文

　一般には「〜が…をする」が能動文、「〜が…される」が受動文と理解されているようです。見方の違いが両者の違いというのは確かですが、実は、より重要な違いは「話の重点の置き方」にあります。「誰が行ったのか？」を話題の中心に据えるのが能動文、「何が行われたのか？」を話題の中心に据えるのが受動文です。つまり、「何が起こったか」を強調したいときに「受動態」を用い、その場合は、「誰が行為を行ったか」はそれ程重要ではないということになります。

受動文の作り方

　基本は、「受動の助動詞werden＋本動詞の過去分詞」の組み合わせで作ります。以下、各時制の平叙文の構成を見てみましょう。

＊同じwerdenが未来の助動詞としても使われますがその場合は「werden＋不定詞」となります。

● 現在形

	受動の助動詞（定動詞）		本動詞の過去分詞
Die Tür	wird	sofort	geschlossen.

そのドアはすぐに閉じられる。【e Tür ドア、sofort すぐに、schließen 閉じる】

● 過去形

	受動の助動詞（定動詞）		本動詞の過去分詞
Die Tür	wurde	sofort	geschlossen.

そのドアはすぐに閉じられた。

● 現在完了形（受動形では sein を完了の助動詞とし、助動詞 werden の過去分詞は例外的に worden となります）

	完了の助動詞（定動詞）		本動詞の過去分詞	受動の助動詞の過去分詞
Die Tür	ist	sofort	geschlossen	worden.

そのドアはすぐに閉じられてしまった。

● 過去完了形

	完了の助動詞（定動詞・過去）		本動詞の過去分詞	受動の助動詞の過去分詞
Die Tür	war	sofort	geschlossen	worden.

そのドアはすぐに閉じられてしまっていた。

● 未来形

	未来の助動詞（定動詞）		本動詞の過去分詞	受動の助動詞の不定詞
Die Tür	wird	sofort	geschlossen	werden.

そのドアはすぐに閉じられるだろう。

● 助動詞を伴う受動文

	助動詞（定動詞）		本動詞の過去分詞	受動の助動詞の不定詞
Die Tür	muss	sofort	geschlossen	werden.

そのドアはすぐに閉じられねばならない。

　完了形のところでも確認した通り、助動詞を使う構文では助動詞が定動詞になります。したがって、受動文においては「現在」「過去」では受動の助動詞werdenが、「完了形」ではseinが、「未来形」では未来の助動詞werdenが定動詞になって、所定の位置に置かれます。

受動文と定動詞の位置

● 平叙文

⇨ **Die Tür wurde sofort** geschlossen. ドアはすぐに閉められた。

● 疑問詞のない疑問文・過去

⇨ **Wurde die Tür sofort** geschlossen? ドアはすぐに閉められたのですか？

● 疑問詞つき疑問文・現在完了

⇨ **Wann ist die Tür** geschlossen worden? いつドアは閉められたのですか？

● 副文・現在完了

⇨ **Wissen Sie, wann die Tür** geschlossen worden ist?
　いつドアが閉められたのか、あなたはご存知ですか？

● 副文・助動詞つき

⇨ **Weißt du, wann die Tür** geschlossen werden soll?
　いつドアが閉じられるのが良いか、君知ってる？

能動文と受動文の対応関係

　はじめにも述べたように、能動文と受動文は一つの事態について異なった見方をしており、それぞれが独自の表現形態であるために単純に

置き換えられるものではありません。ここでは形式的・文法的な観点から、両者の関係を見てみます。

1. 能動文の主語は、受動文で表すとき von ＋ 3 格で示される。

能動文：**Die Römer gründeten die Stadt Köln.**

古代ローマ人たちはケルンの街を造った。【d Römer<r Römer 古代ローマ人、gründen 基礎を築く、e Stadt 街】

受動文：**Die Stadt Köln** wurde **von den Römern** gegründet.

ケルンの街は古代ローマ人たちによって造られた。

＊ただし、受動文では動作主（von ＋ 3 格）は表現されないことが多い。これは受動文が「何が行われたのか」に重点を置く表現形式であることに由来します。動作主が不明な場合、言うことがはばかられる場合、言う必要がない場合は省かれます。

＊事故・災害など人間以外が原因になる場合は「durch ＋ 4 格」が、また道具（手段）による場合は「mit ＋ 3 格」が「von ＋ 3 格」の代わりに用いられることもあります。

⇨ **Die Stadt** wurde **durch das Erdbeben** zerstört.

その街は地震によって破壊された。【s Erdbeben 地震、zerstören 破壊する】

2. 能動文を受動文に変えると、能動文の 4 格目的語が受動文の主語になり、能動文の<u>主語</u>は消えるか（von＋ 3 格）に変わり、動詞も受動態に変わりますが、その他の要素は影響を受けません。

能動文の 4 格目的語

Die Regierungspartei **legte dem Parlament** ein neues Gesetz **vor.**

政府与党は議会に新しい法案を提出した。【e Regierungspartei 政府与党、s Parlament 議会、neu 新しい、s Gesetz 法、vor|legen 提出する】

Ein neues Gesetz **wurde dem Parlament**（von der Regierungspartei）
vorgelegt.

新しい法案が議会に（政府与党により）提出された。

3. 英語では

A book was given the child.

The child was given a book.

の２つの受動文が可能ですが、ドイツ語では能動文の３格目的語は受動
文の主語になれません。

○ **Ein Buch wurde dem Kind gegeben.** 1冊の本がその子どもに与えられた。

× **Das Kind wurde ein Buch gegeben.**

（ただし Dem Kind wurde ein Buch gegeben. は可）

man を主語とする文と自動詞による受動文

　動作主を明示しないのが受動態の一つの特徴になりますが、その点で
は man を主語にした能動文も似たような性質を持ちます。

　man（一般人称の「人」３人称単数扱い）は、人間であることは示しても、
男女の区別も特定の人物も指すことはありません。その意味では man
を主語とする文は受動文のように訳すとピッタリします。

⇨ **An der Tankstelle** verkauft man **auch Alkohol.**

　ガソリンスタンドで酒も売られています。【e Tankstelle ガソリンスタンド、
　verkaufen 売る、r Alkohol 酒類】

⇨ **An der Tankstelle** wird **auch Alkohol** verkauft.

　ガソリンスタンドで酒も売られています。

自動詞の受動

　動作主を明示しない・省く、さらには「行為そのものにスポットを当てる」という利点からドイツ語では自動詞からも受動文が作られます。

　作り方は通常の受動態と同じく「werden＋過去分詞」という形で作られます。自動詞ですから、受動文で主語となる4格目的語はなく、その代わりに主語として「es」を置きます（ただし、このesは文頭以外では消失します）。例えば、次のような文です。

⇨ **In diesem Saal** wird **heute Abend** getanzt.

　　今晩このホールでダンスが行われます。【r Saal ホール、tanzen 踊る】

　tanzen は目的語を必要としない自動詞ですが、このように受動態が作れます。英語に馴染んだ方には奇妙に感じられるかもしれません。ただ、この文で言いたいことは、誰が踊るかではなく、ここで「ダンスが行われる」ことなのです。主語のない、ドイツ語としては不思議な文ですが、こうすることにより見事に行為そのものにスポットが当てられるのです。もう一つ例文をあげます。

⇨ **In dieser Firma** wird **auch sonntags** gearbeitet.

　　この会社では日曜日も作業が行われる。【e Firma 会社、sonntags 日曜日に】

動作受動と状態受動

　「werden＋過去分詞」という形の受動態の他に，実はドイツ語には「sein＋過去分詞」という形の受動態が存在します。後者は形の上で英語の受動態に似ていますが、ドイツ語ではこの2つの形式をハッキリ区別して使います。表現される意味にしたがってwerdenを使う受動態を「動作受動」、seinを使う受動態を「状態受動」と呼んでいます。「動作受動」はプロセスを、「状態受動」はプロセスの結果を表します。以下の例を比較して意味の違いを読み取ってください。

1a）Die Tür wird geschlossen.「ドアが閉じられる」〚動作受動〛

1b）Die Tür ist geschlossen.「ドアは閉じている」　〚状態受動〛

2a）Der Laden wird geöffnet.「店が開けられる」〚動作受動〛

2b）Der Laden ist geöffnet.「店が開いている」　〚状態受動〛

【r Laden 店】

　aの文が、ある行為が遂行されるプロセスを表現しているのに対し、bの文では行為が遂行された結果が示されています。2aでは、シャッターが開けられ、立て看板が取り出され、店の前には水が撒かれる…といった一連の開店作業が暗に表現されていますが、2bの文では開店準備が整ってオープンした状態が表現されていることになります。

▶

練習 29a 和文に相当する受動文になるよう、（　）を補ってください。全て現在形です。

（ 1 ）Weihnachten （　　　　　） vom 24.bis zum 26. Dezember

（　　　　　　　）.

クリスマスは12月24日〜26日まで祝われます。【s Weihnachten クリスマス、r Dezember 12月、feiern 祝う】

（ 2 ）Der Zug （　　　　） von einem Computer （　　　　　　　）.

電車はコンピュータによって制御されます。【r Computer コンピュータ、steuern 制御する】

（ 3 ）Heute （　　　　） viele Häuser aus Holz （　　　　　　）.

最近、多くの家は木で作られます。【d Häuser ＜ s Haus、s Holz 木、bauen 建てる】

（ 4 ）An dieser Brücke （　　　　） der Pegelstand （　　　　　　）.

水位はこの橋で測定されます。【e Brücke 橋、r Pegelstand 水位、ermitteln 測定する】

▶

練習 29b 和文に相当する受動文になるよう、（　）を補ってください。全て過去形です。

（ 1 ）Rom （　　　　） nicht an einem Tag （　　　　　　）.

ローマは一日にして成らず。【erbauen 建設する】

（ 2 ）Der Ball （　　　　） ins Tor （　　　　　）.

ボールはゴールに撃ち込まれた。【r Ball ボール、s Tor ゴール、schießen 撃つ】

（ 3 ）Danach （　　　　） die Frau in die Klinik （　　　　　　）.

その後、女性はクリニックに搬送されました。【danach その後、e Frau 女性、e Klinik クリニック、bringen 運ぶ】

（4）（　　　　　　）die Ware inzwischen（　　　　　　　　　　）?

その後、商品は配達されましたか？【e Ware 商品、inzwischen その間に、liefern 配達する】

練習 29c 和文に相当する受動文になるよう、（　）を補ってください。全て現在完了形です。

（1）Der Vorfall（　　　　　）（　　　　　　　　）（　　　　　）.

例の出来事は忘れ去られました。【r Vorfall 出来事、vergessen 忘れる】

（2）Du（　　　　　）（　　　　　　　　）（　　　　　）.

あなたは見られていました。【sehen 見る】

（3）Der Unfall（　　　　　）durch Nebel（　　　　　　　）（　　　　　）.

その事故は霧によって引き起こされた。【r Unfall 事故、r Nebel 霧、verursachen 引き起こす】

（4）Ein Teil der Anschaffungskosten（　　　　　）（　　　　　　　）
（　　　　　）.

取得費用の一部が払い戻されました。【r Teil 部分、d Anschaffungskosten 調達費、erstatten 返済する】

練習 29d 冒頭の［助動詞］を使って、和文に相当する受動文になるよう、（　）を補ってください。

（1）［müssen］→ Das（　　　　　）noch heute（　　　　　　　）
（　　　　　）.

それは今日中に片付けなければなりません。【noch heute 今日中に、erledigen 片付ける】

（2）［müssen］→ Die Uhr（　　　　　）um eine Stunde（　　　　　　　）
（　　　　　）.

この時計は1時間戻さなければなりません。【e Uhr 時計、um eine Stunde 1時間だけ、zurück|stellen 戻す】

（3）［sollen］→ Hier（　　　　）eine neue Brücke（　　　　　　　）

（　　　　）.

ここに新しい橋が架けられる計画です。【e Brücke 橋、errichten 築く】

（4）［können］→ Bei Bedarf（　　　　）das Haus noch weiter

（　　　　　）（　　　　）.

必要に応じて、家をさらに増築することができます。【r Bedarf 必要、weiter さらに、aus|bauen 増築する】

▶

練習29e　和文に相当する受動文になるよう、（　）を補ってください。全て状態受動です。

（1）Sie（　　）（　　　　　　　　）.

彼女はけがをしている。【verletzen 傷つける】

（2）Die Koffer（　　）schon（　　　　　　　）.

スーツケースはすでに荷造りされていました。【d Koffer ＜ r Koffer スーツケース、packen 荷造りする】

（3）Der Keller（　　）komplett（　　　　　　　）.

地下は完全に浸水していました。【r Keller 地下室、komplett 完璧に、überfluten 水浸しにする】

（4）Restaurants und Läden（　　）fast völlig（　　　　　　　）.

レストランやショップは軒並み閉鎖されています。【d Restaurants ＜ s Restaurant レストラン、d Läden ＜ r Laden 店、fast ほとんど、völlig 全部、schließen 閉じる】

esの用法・疑問詞

Es gibt hier einige gute Restaurants.
ここには幾つか良いレストランがあります。

B37

es の用法

　代名詞 es にはいろいろな使い方があるので、ここで少し整理してみることにします。

1）中性名詞を受ける代名詞として

⇨ **Da steht ein Haus. Es ist ziemlich alt.**

　そこに一軒の家がある。それはかなり古い。【ziemlich かなり】

2）前出の文章や句、あるいは前述の出来事などを指す代名詞として

⇨ **In Japan ereignete sich ein schweres Erdbeben. Es forderte viele Menschenleben.**

　日本でひどい地震があった。それは多くの人命を奪った。【s Japan 日本、sich ereignen 起こる、schwer ひどい、s Erdbeben 地震、fordern 要求する、d Menschenleben ＜ s Menschenleben 人命】

3）非人称動詞の主語として

　主語として常に es を取る動詞群があります。人間が主語になれないという意味で、これらの動詞を非人称動詞と呼んでいます。非人称動詞には次のようなものがあります。

regnen（雨が降る）：**Es regnet**（現在）/**regnete**（過去）/**hat geregnet**（現在完了）.

schneien（雪が降る）：**Es schneit**（現在）/**schneite**（過去）/**hat geschneit**（現在完了）.

donnern（雷が鳴る）: **Es donnert**（現在）/ **donnerte**（過去）/ **hat gedonnert**（現在完了）.

blitzen（稲妻が走る）: **Es blitzt**（現在）/ **blitzte**（過去）/ **hat geblitzt**（現在完了）.

hageln（雹が降る）: **Es hagelt**（現在）/ **hagelte**（過去）/ **hat gehagelt**（現在完了）.

４）天候、時間、距離、心理・生理現象など、主語を特定できない場合にも、es を主語とした非人称表現が用いられる

⇨ **Es ist schön.** 天気がいい。【schön 天気がいい】

⇨ **Es ist windig.** 風がある。【windig 風のある】

⇨ **Es ist 10 Uhr.** 10時です。

⇨ **Es ist mir zu kalt.** 私には寒すぎる。【zu あまりに、kalt 寒い】

⇨ **Es ist angenehm.** 快適だ。【angenehm 気持ち良い】

⇨ **Es ist gemütlich.** くつろいだ気分です。【gemütlich くつろいだ】

⇨ **Es duftet nach Rosen.** 薔薇の香りがする。【duften nach ～の香りがする】

５）その他、よく使われる非人称表現

　次のような表現は、常に **es** を主語として使われます。以下に挙げるものは使用頻度が高いので、イディオムとして覚えておきましょう。

● **es gibt ＋ ４格「～がある、存在する」**

⇨ **Was gibt es heute Abend?** 今晩は何があるの？（メニューを聞く）

⇨ **Gibt es noch Hoffnung?** まだ希望はある？【e Hoffnung 希望】

⇨ **Gibt es hier keinen Notausgang?**

　　ここには非常口はないのですか？【r Notausgang 非常口】

⇨ **Es gibt hier einige gute Restaurants.**

　　ここにはいくつか良いレストランがあります。

● **es geht（3格）～「（3格）の具合は～である」**

⇨ **Wie geht es Ihnen?** ご機嫌いかがですか？

⇨Es geht uns gut. 私たちは元気です。

● es handelt sich um ～「～に関することです」

⇨Es handelt sich um unser Projekt.

　私たちのプロジェクトに関することです。【s Projekt プロジェクト】

● es dreht es sich um ～「～をめぐる問題・ことです」

⇨Es dreht sich immer alles um die Liebe.

　いつも全ては愛をめぐる問題です。【e Liebe 愛】

疑問詞

　ここで、使われる機会の多い疑問詞を整理してみることにします。

● was「何が、何を」

⇨Was soll ich hier machen? 私はここで何をしたらいいの？

B38

● wer「誰が」

　この疑問詞は格変化します。以下の表を見てください。

1格 wer（誰が）	2格 wessen（誰の）	3格 wem（誰に）	4格 wen（誰を）

⇨Wer wohnt hier noch? ここにはまだ誰が住んでいるの？

⇨Wessen Schuhe sind das? これは誰の靴ですか？【d Schuhe ＜ r Schuh 靴】

⇨Wem kann ich vertrauen? 私は誰を信用したらいいの？【vertrauen 信頼する】

⇨Wen möchte sie heiraten?

　彼女は誰と結婚したいのですか？【jn heiraten 人[4]と結婚する】

⇨Für wen ist dieses Paket? この小包は誰のための物ですか？【s Paket 小包】

⇨Von wem kam der Anruf? その電話は誰から来たのですか？【r Anruf 電話】

● wo「どこに、どこで」

⇨Wo kann man hier gut essen?

　ここではどこでおいしい食事が食べられますか？【gut おいしく】

● **woher**「どこから」

⇨ **Woher kommen die ganzen Ameisen?**

この蟻は全部どこから来るのだろう？【ganz 全部の、d Ameisen < e Ameise 蟻】

● **wohin**「どこへ」

⇨ **Wohin fahren wir?** 私たちはどこへ行くの？

● **wann**「いつ」

⇨ **Weißt du, wann die Post kommt?**

郵便がいつ来るか君知ってる？【e Post 郵便】

● **warum**「なぜ」

⇨ **Warum ist das Wetter immer so schlecht?**

何で天気はいつもこんなに悪いんだ？【s Wetter 天気、schlecht 悪い】

● **wie**「どんな風に、どのくらい」

⇨ **Wie soll man das machen?**

それをどんな風にしたらいいでしょうか？【sollen すべきだ】

⇨ **Wie viel kostet das?**

それはいくらですか？【viel 多く、kosten 〜の値段がする】

⇨ **Wie schön, dass wir heute zusammen sind!**

私たちが今日一緒だとは、なんて素敵なんだろう！（このように感嘆文に使われることもあります）

● **was für ein**「どんな種類の」

会話などでもよく使われる表現ですが、使い方には注意が必要です。fürの後のeinは、einの後に置かれる名詞の性・数と文中で果たす役割＝格（1格か、3格か、4格かなど）にしたがって語尾変化します（fürの格支配は受けません）。

1格の例：**Was für ein Wagen ist das?** それはどんな車ですか？

3格の例：**Mit was für einem Wagen fährst du in die Ferien?**

どんな車で休暇に出かけるの？【in die Ferien fahren 休暇に出かける】

4格の例：Was für einen **Wagen kaufst du?** どんな車を買うんですか？

⇨ Was für ein **Vogel ist das?** それはどんな鳥ですか？【r Vogel 小鳥】

⇨ **Mit** was für einem **Werkzeug soll ich das machen?**

どんな道具でそれをやれって言うの？【s Werkzeug 道具】

⇨ **An** was für ein **Haustier denken Sie?**

どんなペットを考えているのですか？【s Haustier ペット、an 物^4 denken 〜のことを考える】

⇨ Was für ein **schöner Sommer!**

何と素敵な夏だろう！【r Sommer 夏】（このように感嘆文に使われることもあります）

● welcher「**どちらの**」

定冠詞類に準じた変化をします（→ 10章）。後ろに来る名詞の性・数・格にしたがって格変化します。

	男性	女性	中性	複数
1格	welch er	welch e	welch es	welch e
2格	welch es	welch er	welch es	welch er
3格	welch em	welch er	welch em	welch en
4格	welch en	welch e	welch es	welch e

⇨ Welches **Eis möchten Sie?** どのアイスになさいますか？【s Eis アイス】

⇨ **Aus** welcher **Richtung kommt der Wind?**

風はどの方向から来るのかな？【e Richtung 方向、r Wind 風】

⇨ **An** welcher **Kreuzung muss ich abbiegen?**

どの交差点で曲がらなくてはいけませんか？【e Kreuzung 交差点、ab|biegen 曲がる】

またwelcherは限定された範囲の中での選択であることに注意してく

ださい。

疑問詞 was と前置詞の融合

　前置詞と疑問詞 was が結びつくと、womit、wofür など、wo ＋前置詞という形になります。以下の具体例をご覧ください。 ▶

An was denken Sie? → **Woran denken Sie?**
あたなは何のことを考えているの？【an et⁴ denken 物⁴ のことを考える】

Um was handelt es sich genau? → **Worum handelt es sich genau?**
正確に言えば何が問題なのですか？【es handelt sich um et⁴ 物⁴ が問題である】

Von was ernähren sich Papageien? → **Wovon ernähren sich Papageien?**
オウムは何を食糧にしているの？【sich ernähren（von〜）を食糧としている、d Papageien ＜ r Papagei オウム】

　なお、an was、um was、von was など前置詞＋was の形は、どちらかと言えばドイツ北部の、主として日常会話で見られる表現です。

練習問題

練習 30a 次の文では全て「es gibt ~」が使われています。和文を参考に（　）内を埋めてください。

（1）（　　　）（　　　　　　）auch in Japan gute Bäcker.

日本にもうまいパン屋があります。【d Bäcker ＜ r Bäcker パン屋】

（2）（　　　）（　　　　　　）nur eine einzige Lösung.

たった一つの解決策があります。【e Lösung 解答】

（3）Ich weiß nicht, was（　　　）heute im Kino（　　　　）.

今日映画館で何が上映されるのかわかりません。【s Kino 映画館】

（4）Vorsicht: Hier（　　　）（　　　）Giftschlangen!

注意！毒蛇が出ます！【e Vorsicht 注意、d Giftschlangen ＜ e Giftschlange 毒蛇】

練習 30b 和文を参考にして（　）内に wer、wessen、wem、wen の中から適切なものを記入してみましょう。

（1）Es ist nicht bekannt,（　　　　　　）Eigentum das eigentlich ist.

これがそもそも誰の持ち物か知られていません。【bekannt 知られている、s Eigentum 所有物】

（2）（　　　　　）hat eben angerufen?

さっき電話してきたのは誰？【an|rufen 電話する】

（3）Für（　　　　　）sind diese Getränke?

この飲み物は誰のため？【d Getränke ＜ s Getränk 飲み物】

（4）Von（　　　　　）wurden die Daten gelöscht?

誰によってそのデータが消されたの？【d Daten データ、löschen 消す】

▶

練習 30c 和文を参考にして（　）内に不定冠詞を補ってみましょう。

（**1**）Was für （　　　　　　）Gewürz ist das?

これはなんのスパイス?【s Gewürz スパイス】

（**2**）Was für （　　　　　　）kalte Gegend!

何て寒い地方なんでしょう!【e Gegend 地域】

（**3**）Was für （　　　　　　）Gefühl war das?

どんな感じでした?【s Gefühl 感覚】

（**4**）Was für （　　　　　　）Überraschung!

ああ、ビックリ!【e Überraschung 驚き】

▶

練習 30d 和文を参考に、welcher を適切な形で（　）内に補ってみましょう。

（**1**）（　　　　　）Datum haben wir heute?

今日は何日?【s Datum 日付】

（**2**）（　　　　　）Arbeit möchtest du gar nicht tun?

あんたが絶対やりたくない仕事はどれですか?【e Arbeit 仕事、gar nicht 全然〜でない】

（**3**）In （　　　　　）Gegend liegt diese Stadt?

この町はどの地域にありますか?【e Gegend 地域、liegen 位置している】

（**4**）（　　　　　）Straße führt in die Innenstadt?

どの道が中心部につながっていますか?【e Straße 通り、führen つながる、e Innenstadt 町の中心部】

31

不定代名詞と指示代名詞

Gibt es hier noch einen freien Platz? – Ja, einen.

まだ空席がありますか？—ええ、一つ空いています。

▶

B39

不定代名詞

　名詞そのものを省略しても、文脈から名詞が判断できるので冠詞だけで済ませる。そういった用法があります。次の例を見てください。

⇨ **Haben Sie einen Wagen?　Ja, ich habe einen.**

　車をお持ちですか？　はい、1台。

⇨ **Haben Sie einen Stift?　Nein, ich habe keinen.**

　ペン持ってる？　いや、持ってない。【r Stift ペン】

　この例のように、名詞が省略され冠詞が単独で代名詞のように使われるとき、これを不定代名詞と呼んでいます。代名詞として使われるので、当然性別もあり格変化しますが、変化のパターンは不定冠詞とほぼ同じです（男性1格、中性1格・4格の部分のみ違います）。以下にein と kein の不定代名詞としての変化表を載せます。

	男性	女性	中性	男性	女性	中性	複数
1格	einer	eine	ein(e)s	keiner	keine	kein(e)s	keine
2格	eines	einer	eines	keines	keiner	keines	keiner
3格	einem	einer	einem	keinem	keiner	keinem	keinen
4格	einen	eine	ein(e)s	keinen	keine	kein(e)s	keine

　省略された名詞の性・数・格に相当する不定代名詞を使います。また、中性1格・4格は（　）内のeを省略したeins、keinsの形が普通に使われます。

⇨ **Sehen Sie jemanden? – Ja, da steht einer.**

誰か見えますか？ － はい、1人立っています。【1格 jemand 誰かある人、2格 jemandes、3格 jemandem、4格 jemanden】

⇨ **Möchtest du noch ein Plätzchen? – Nein, ich möchte keins mehr.**

クッキーもう1ついかが？―いや、もういりません。【s Plätzchen クッキー】

⇨ **Haben Sie auch Geschwister? – Nein, ich habe keine.**

あなたも兄弟がいますか？―いいえ、いません。【d Geschwister 兄弟姉妹】

しばしば**無冠詞で使われる物質名詞**や**無冠詞複数の名詞に対する不定代名詞**としては「**welch -**」（いくつかの）が使われます。

	男性	女性	中性	複数
1格	welcher	welche	welches	welche
2格	welches	welcher	welches	welcher
3格	welchem	welcher	welchem	welchen
4格	welchen	welche	welches	welche

⇨ **Gibt es hier Pilze? – Im Augenblick nicht, aber im Herbst gibt es wieder welche.**

ここにキノコは生えてる？―今はないけど、秋になるとまた出るよ。【d Pilze ＜ r Pilz キノコ、im Augenblick 今のところ、r Herbst 秋、wieder また】

⇨ **Das sind aber leckere Bonbons! – Möchtest du auch welche?**

それにしてもおいしそうなキャンディーだな！ － 君も欲しい？【lecker 旨い、d Bonbons ＜ s Bonbon キャンデー】

⇨ **Wir brauchen Masken. Haben Sie welche?**

マスクが必要です。ありますか？【brauchen 必要です、d Masken ＜ e Maske マスク】

指示代名詞

　不定冠詞（類）と同じく、定冠詞（類）もまた単独で代名詞として使われます。

1) **Da steht eine Statue. Die ist aus dem 17. Jahrhundert.**

あそこに彫刻がある。１７世紀のものです。【e Statue 彫刻、s Jahrhundert 世紀】

2) **Sie hat einen Hund. Der ist gut erzogen.**

彼女は犬を飼っている。そのワン公がとても躾がいいんだ。【r Hund 犬、gut erzogen よく躾られた】

3) **Er fährt einen neuen Wagen. Den hat er von seinem Großvater geschenkt bekommen.**

彼は新しい車に乗っています。それはおじいさんからプレゼントされたものです。【fahren 乗る、neu 新しい、r Wagen 車、r Großvater 祖父】

　１）の die は die Statue の代わりに、２）の der は der Hund の代わりに、３）の den は den Wagen の代わりに用いられています。このように単独で代名詞のように使われる定冠詞を「指示代名詞」と呼びます。不定代名詞と同じく代理すべき名詞の性・数・格に応じて変化します。変化のパターンは定冠詞によく似ていますが、全ての２格と複数３格が定冠詞の変化とは異なっています。また、指示代名詞の働きは人称代名詞（13章参照）とよく似ていますが、次の点で両者は区別されます。

指示代名詞の格変化			
	男性	女性	中性	複数
1格	der	die	das	die
2格	dessen	deren	dessen	deren
3格	dem	der	dem	denen
4格	den	die	das	die

人称代名詞が既出の名詞の繰り返しを避け、単純化する目的で使われるのに対し、指示代名詞は、人称代名詞の機能に加えて対象を強く強調して指すのに使われます。敢えて言えば「この人」とか「こいつ」あるいは「まさにそのもの」といったニュアンスを伴います。

　通常人称代名詞にアクセントが置かれることはありませんが、指示代名詞には以上の理由からアクセントが置かれます。

　さらに、実際の発話場面ではしばしば「指さし」「視線の誘導」などを伴って発せられます。

32

関係代名詞とその使い方

Das ist die Ärztin, die ihn operiert hat.

この方が彼を手術したドクターです。

B40

人称代名詞・指示代名詞・関係代名詞

1a）**Das ist die Ärztin. Sie hat mich operiert.**

この方がそのお医者さんです。彼女が私を手術しました。【e Ärztin 医師、operieren 手術する】

1b）**Das ist die Ärztin. Die hat mich operiert.**

これがそのお医者さんです。この人が私を手術したんです。

1c）**Das ist die Ärztin, die mich operiert hat.**

この方が私を手術したお医者さんです。

　上の 3 つの例の違いに注目してみましょう。a）では 2 つ目の文で Ärztin の繰り返しを避けて人称代名詞 sie を使っています。b）の文も、その点では a）と同じながら、「このドクターが」というより強い指示力をもつ指示代名詞が使われています。そして c）の文では、代名詞 die によって先行する名詞の繰り返しを避けるだけでなく、その代名詞 die を使って 2 つの文を 1 つの文につなげています。このように、先行する名詞を受けるばかりでなく、後続の文をつなげる働きを持った代名詞を関係代名詞と呼びます。c）に見られるように、関係代名詞によって導入される文（関係文）は、先行する名詞に説明を加える文であり、その意味で先行する文に付随する（埋め込まれた）文と見なすことができます。そのため関係文は副文扱いとなり、「定動詞は文末」という原則が適用されています。

　次の例はどうでしょうか。

2a）**Wo ist der Hut? Den Hut habe ich gestern gekauft.**

222

帽子はどこ？あの帽子を昨日買ったんだ。【r Hut 帽子】

2b） Wo ist der Hut? Den habe ich gestern gekauft.

帽子はどこ？　あれをね昨日買ったんだよ。

2c） Wo ist der Hut, den ich gestern gekauft habe?

昨日買った帽子はどこ？

　b）では、指示代名詞が、先行する名詞の性・数にしたがい、格については代名詞自身が文の中で果たす役割にしたがっています（例文ではder Hutを受けて、「男性・単数」、動詞kaufen（ここでは過去分詞gekauft）の目的語として4格）。これらの点はc）の関係代名詞でも同じです。

　次は、前置詞と結びついた例です。

3a） Das ist der Freund. Mit ihm bin ich nach Deutschland gereist.

これがその友人です。彼と一緒にドイツへ旅行しました。

3b） Das ist der Freund. Mit dem bin ich nach Deutschland gereist.

これがその友人です。この男とドイツへ旅行したんだ。【s Deutschland ドイツ】

3c） Das ist der Freund, mit dem ich nach Deutschland gereist bin.

これが一緒にドイツへ旅行した友人です。

　aとbで人称代名詞と指示代名詞は、先行する名詞の性・数にしたがい、格については代名詞自身が文の中で果たす役割にしたがっています（例文ではder Freundを受けて、「男性・単数」、mitに支配される語として3格）。これらの点はcの関係代名詞でも同じです。

関係代名詞の変化表

	男性	女性	中性	複数
1格	der	die	das	die
2格	dessen	deren	dessen	deren
3格	dem	der	dem	denen
4格	den	die	das	die

帽子はどこ？あの帽子を昨日買ったんだ。【r Hut 帽子】

2b） Wo ist der Hut? Den habe ich gestern gekauft.

　帽子はどこ？　あれをね昨日買ったんだよ。

2c） Wo ist der Hut, den ich gestern gekauft habe?

　昨日買った帽子はどこ？

　b）では、指示代名詞が、先行する名詞の性・数にしたがい、格については代名詞自身が文の中で果たす役割にしたがっています（例文ではder Hutを受けて、「男性・単数」、動詞kaufen（ここでは過去分詞gekauft）の目的語として4格）。これらの点はc）の関係代名詞でも同じです。

　次は、前置詞と結びついた例です。

3a） Das ist der Freund. Mit ihm bin ich nach Deutschland gereist.

　これがその友人です。彼と一緒にドイツへ旅行しました。

3b） Das ist der Freund. Mit dem bin ich nach Deutschland gereist.

　これがその友人です。この男とドイツへ旅行したんだ。【s Deutschland ドイツ】

3c） Das ist der Freund, mit dem ich nach Deutschland gereist bin.

　これが一緒にドイツへ旅行した友人です。

　aとbで人称代名詞と指示代名詞は、先行する名詞の性・数にしたがい、格については代名詞自身が文の中で果たす役割にしたがっています（例文ではder Freundを受けて、「男性・単数」、mitに支配される語として3格）。これらの点はcの関係代名詞でも同じです。

関係代名詞の変化表

	男性	女性	中性	複数
1格	der	die	das	die
2格	dessen	deren	dessen	deren
3格	dem	der	dem	denen
4格	den	die	das	die

ご覧のように、指示代名詞の変化表と全く同じです。関係代名詞と指示代名詞は形の上ではそっくりですが、一番の違いは定動詞の位置です（関係文では文末）。定冠詞の変化との比較で見ると、全ての２格と複数３格が定冠詞の変化と異なります。

関係代名詞の格

● １格の例

⇨ **Der Mann, der mit uns arbeitet, ist Amerikaner.**

Der Mann,	der mit uns arbeitet,	ist Amerikaner
主文の主語	関係文	主文

　私たちが一緒に仕事している男はアメリカ人です。【r Amerikaner アメリカ人】

　関係代名詞 der は関係文での主語 → １格

● ２格の例

⇨ **Der Mann, dessen Tochter in Köln wohnt, arbeitet mit uns.**

　娘がケルンに住んでいる男が、私たちと一緒に仕事している。【e Tochter 娘】

　関係代名詞 dessen は関係文で Tochter にかかる２格の修飾語 → ２格

● ３格の例

⇨ **Der Mann, dem du gestern geholfen hast, wohnt hier.**

　君が昨日手助けした男はここに住んでいます。【jm helfen 人³に手を貸す、wohnen 住む】

　関係代名詞 dem は関係文で helfen の３格目的語 → ３格

⇨ **Der Mann, mit dem du gestern Tennis gespielt hast, ist unser Direktor.**

　君が昨日一緒にテニスをした男は我々のボスです。【r Direktor 責任者】

　関係代名詞 dem は前置詞 mit の３格目的語 → ３格

● 4格の例

⇨ **Der Mann, den wir jetzt besuchen wollen, besitzt ein schönes Hotel.**

今私たちが訪ねようとしている男は素晴らしいホテルを所有している。【jetzt 今、besuchen 訪ねる、wollen 〜しようとする、besitzen 所有する、s Hotel ホテル】

関係代名詞denはbesuchenの4格目的語 → 4格

⇨ **Der Mann, für den ich ein Zimmer reserviert habe, kommt aus Luxemburg.**

私がその人のためにホテルを予約した男はルクセンブルクから来ます。【s Zimmer 部屋、reservieren 予約する、s Luxemburg ルクセンブルク】

関係代名詞denは前置詞fürの4格目的語 → 4格

関係文を作る手順

a. 関係文で説明すべき名詞(「先行詞」と呼びます)の性・数に応じて、男性・女性・中性・複数の中でどの関係代名詞を使うか決める。

b. 関係文の中で、関係代名詞が果たす役割に応じた格を選ぶ(主語なのか、4格目的語なのか、前置詞の格支配を受けるのかなど)。

c. 関係文の先頭に関係代名詞を置き、定動詞は一番最後に置く(ただし関係代名詞が前置詞と結びつく場合は、前置詞+関係代名詞の順になります)。

d. 関係文は原則的にコンマで区切る。

英語との相違点

a. 英語では、先行詞が人か物かによって関係代名詞を使い分けましたが(whoまたはwhich)、ドイツ語では、先行詞の性と数によって使い分けます(男性・女性・中性・複数)。

b. 英語では関係代名詞を省略する場合がありますが、ドイツ語ではそういうことはありません。

c. 英語では、関係文をコンマで区切る用法（非制限的用法）と区切らない用法（制限的用法）がありますが、ドイツ語には区別がなく全てコンマで区切ります。

練習問題

練習 32a 和文を参考にして、（　　）内に適切な1格の関係代名詞を入れてみましょう。

（1）Hunde,（　　　　　　）bellen, beißen nicht.

吠える犬は、噛まない。【d Hunde ＜ r Hund 犬、bellen 吠える、beißen 噛む】

（2）Der Baum,（　　　　　　）hier steht, ist mindestens 100 Jahre alt.

ここに立っている木は、少なくとも100年の樹齢です。【r Baum 木、mindestens 少なくとも、d Jahre ＜ s Jahr 年、alt 古い】

（3）Hast du die Zeitung gelesen,（　　　　）hier liegt?

ここにある新聞を君は読んだ？【e Zeitung 新聞、liegen 置いてある】

（4）Ist das der Film,（　　　　）jetzt läuft?

今上映されているのが、あの映画ですか？【r Film 映画、laufen 上映されている】

練習 32b 和文を参考にして、（　　）内に適切な4格の関係代名詞を入れてみましょう。

（1）Das Hotel,（　　　　）wir gebucht hatten, mussten wir leider stornieren.

私たちが予約してあったホテルを、残念ながらキャンセルしなくてはならなかった。【s Hotel ホテル、buchen 予約する、stornieren キャンセルする】

（2）Wo ist der Pullover,（　　　　）du mir geschenkt hast?

君が僕にプレゼントしてくれたセーターはどこ？【r Pullover セーター、schenken プレゼントする】

（3）Ist das die Suppe,（　　　　）Sie bestellt haben?

これがあなたが注文したスープですか？【e Suppe スープ、bestellen 注文する】

（4）Ich brauche einen großen Wagen, (　　　　) ich auch als Büro nutzen kann.

私がオフィスとしても使える大きな車が必要です。【brauchen 必要とする、groß 大きな、r Wagen 車、auch 〜も、s Büro オフィス、nutzen 使う】

練習32c 和文を参考にして、(　　) 内に適切な格の関係代名詞を入れてみましょう。

（1）Ist die Frau, an (　　　　) du denkst, etwa meine Schwester?

君が思い浮かべている女性というのは僕の妹のことなのかな？【e Frau 女性、an jn denken 人^{4}のことを考える、etwa もしかして、e Schwester 姉妹】

（2）Das Haus, in (　　　　) wir jetzt ziehen, gehört meiner Mutter.

私たちが今引っ越す家は私の母のものです。【s Haus 家、jetzt 今、in et^4 ziehen 物^{4}に入居する、jm gehören 人^{3}のものである、e Mutter 母】

（3）Er ist ein Mensch, auf (　　　　) man sich verlassen kann.

彼は信頼できる人間です。【r Mensch 人間、sich auf jn verlassen 人^{4}を信頼する】

（4）Der Schraubenzieher, mit (　　　　) du arbeiten willst, ist viel zu klein.

君がそれで作業しようとしているドライバーは余りにも小さすぎます。
【r Schraubenzieher ドライバー、arbeiten 仕事する、wollen 〜しようとする、viel zu 余りにも〜すぎる、klein 小さい】

関係副詞と不定関係代名詞

Das ist das Stadtviertel, wo sie wohnt.
これが彼女の住んでいる地区です。

B41

関係副詞

これが彼女が住んでいる町です。

1) **Das ist die Stadt, in der sie wohnt.**【e Stadt 町】

2) **Das ist die Stadt, wo sie wohnt.**

1）では、「in der」（その町の中に）という「前置詞＋関係代名詞」の部分が、動詞wohnenに結びつく「場所を表す表現」（副詞）になっています。このような場合、「前置詞＋関係代名詞」に代わって、2）で見られるように関係副詞「wo」がよく使われます。同じことは英語でも見られます。*This is the town in which she lives. → This is the town where she lives.*

⇨ **Wir gehen in ein Kino, wo 3D-Filme gezeigt werden.**

私たちは、3D映画を上映中の映画館に行きます。【s Kino 映画館、d Filme < r Film 映画、zeigen 上映する】

⇨ **Das ist die Stelle, wo der Unfall passiert ist.**

これが事故の起こった現場です。【e Stelle 場所、r Unfall 事故、passieren 起こる】

⇨ **Da gibt es eine Insel, wo seltene Seevögel brüten.**

珍しい海鳥が繁殖している島があそこにあります。【e Insel 島、selten 珍しい、d Seevögel < r Seevogel 海鳥、brüten 卵をかえす】

不定関係代名詞 was と wer「〜する物・事は」「〜する者は」

次の文を見てください。

Was sie kocht, schmeckt immer gut.

彼女が料理するものは、いつもおいしい【schmecken 〜の味がする】

　Was sie kocht で、was は個々の料理でなく、「彼女の料理する物」全体を指しています。名目上は「関係代名詞」であるにもかかわらず、ここには先行詞となる名詞が存在していません。つまり、was は「特定の名詞を指すことのない少し孤独な関係代名詞」ということになります。このような関係代名詞を「不定関係代名詞」と呼んでいます。

　以下の、wer もよく似た関係代名詞です。wer は「人一般」を指しますが、ここでも先行詞は存在しません。wer は特定の人を指すのではなく、wer 以下で示される行為を行う人一般を表します。

Wer Hunger hat, soll sich bitte melden.

お腹が空いた人は、申し出てください。【Hunger haben 空腹である、sich melden 申し出る】

　以下、不定関係代名詞を使った文を例示します。

⇨ **Wer keine Lust hat, kann gehen.**

　その気のない人は、帰っても良いです【e Lust やる気】

⇨ **Du kannst machen, was du willst.**

　好きなようにやって良いよ。【wollen したい】

⇨ **Was man nicht kennt, kann man auch nicht beurteilen.**

　体験のないことを、判断するのはちょっと無理です。【kennen 経験している、beurteilen 判断する】

練習 33a （　　）内に関係副詞を入れてみましょう。

（ 1 ）Wir möchten auf dem Land leben, （　　　）wir Hühner halten können.

私たちは鶏が飼えるような田舎で生活したい。【auf dem Land 田舎で、leben 生活する、d Hühner ＜ s Huhn 鶏、halten 飼う】

（ 2 ）Die Zeit, （　　　）ich studierte, hatte ich wenig Geld.

私が大学に通っていた時代、私はお金が乏しかった。【e Zeit 時代、studieren 大学で勉強する、wenig 少し、s Geld お金　註：問題文に見られるように、場所ばかりでなく時間に対しても関係副詞 wo が使われることがあります。】

（ 3 ）Das Zimmer, （　　　）er seine Musik komponiert, ist ziemlich klein.

彼が自分の音楽を作曲する部屋はかなり小さい。【s Zimmer 部屋、e Musik 音楽、komponieren 作曲する】

（ 4 ）Der Ort, （　　　）wir uns zum ersten Mal begegneten, ist der schönste Ort auf der Welt.

私たちが初めて出会った場所は、世界で一番素敵なところです。【r Ort 場所、zum ersten Mal 初めて、jm begegnen 人³に出会う、auf der Welt 世界中で】

（ 5 ）In dem Dorf, （　　　）ich aufgewachsen bin, sprechen wir Dialekt.

私が育った村では、地元言葉を話している。【s Dorf 村、auf|wachsen 成長する（sein 支配）、sprechen 話す、r Dialekt 方言】

（ 6 ）Er lebt auf einer Insel, （　　　）außer ihm kein anderer Mensch wohnt.

彼以外に他の人間が住んでいない島で彼は暮らしています。【leben 暮らす、e Insel 島、ander 他の、außer ～以外の（3格支配の前置詞）、r Mensch 人間、wohnen 住んでいる】

34

比較級と最上級

Das ist etwas teurer, aber es schmeckt am besten.
少し高価ですが、味は最高です。

(▶)

B42

比較級と最上級

「より良い」「一番良い」などと言うとき、形容詞や副詞の比較級・最上級という形を使います。比較級・最上級という言葉は、すでに英語を学んでいる方々にはお馴染みと思いますが、作り方、使い方ともに英語によく似ています。まず作り方から見ていきましょう。

比較級「もっと〜」

形容詞、副詞共に原級（＝基の形）に「-er」をつけます。ドイツ語では英語と異なり、語の長さに関係なく、常に「-er」をつけます。

schön（美しい）→ schöner（もっと美しい）、klein（小さい）→ kleiner（もっと小さい）、interessant（興味深い）→ interessanter（もっと興味深い）

母音を1つしか含まない短くて使用頻度の高い形容詞（副詞）では、多くの場合a、o、uがウムラウトします。

alt（古い）→ älter、arm（貧しい）→ ärmer、hart（固い）→ härter、kalt（冷たい）→ kälter、lang（長い）→ länger、scharf（辛い）→ schärfer、schwach（弱い）→ schwächer、stark（強い）→ stärker、warm（暖かい）→ wärmer、grob（粗い）→ gröber、oft（頻繁に）→ öfter、jung（若い）→ jünger、dumm（愚かな）→ dümmer、klug（賢い）→ klüger、kurz（短い）→ kürzer

最上級「一番～」

最上級の形容詞・副詞を作るには、原級（＝基の形）に「-st」をつけます。ただし、語末が-d、-t、-s、-ß、-sch、または-zで終わるときは、「-est」をつけます。

schön → schön**st**、klein → klein**st**、interessant → interessant**est**

最上級でも、短くて使用頻度の高い形容詞（副詞）は、同じようにしばしばウムラウトを起こします：

alt → **ä**ltest、arm → **ä**rmst、hart → h**ä**rtest、kalt → k**ä**ltest、lang → l**ä**ngst、scharf → sch**ä**rfst、schwach → schw**ä**chst、stark → st**ä**rkst、warm → w**ä**rmst、grob → gr**ö**bst、oft → **ö**ftest、jung → j**ü**ngst、dumm → d**ü**mmst、klug → kl**ü**gst、kurz → k**ü**rzest

比較級の使われ方

比較級になっても品詞の性質が変わるわけではありません。

1）述語として

▶

⇨ **Mein Auto ist klein.**

　私の自動車は小さい。

⇨ **Mein Auto ist kleiner.**

　私の自動車はより小さい。

⇨ **Mein Auto ist kleiner als sein Auto.**

　私の自動車は彼の自動車より小さい。

　（比較の対象は「als ～」で示します。）

⇨ **Deine Schwester ist älter als meine Schwester.**

　君の妹は私の妹より年上です。【e Schwester 姉妹】

⇨ **Sie ist intelligenter als ihr Bruder.**

　彼女は兄より頭がいい。【intelligent 知性のある、r Bruder 兄弟】

2）名詞の修飾語として

　比較級になっても形容詞の役割は変わりません。名詞の修飾語として名詞の前に置かれるとき、形容詞は語尾変化します（→21章）。原級と同じように語尾変化します。

⇨ **Sie kauft eine schöne Jacke.**【e Jacke ジャケット】

⇨ **Sie kauft eine schönere Jacke.** 彼女はもっとすてきなジャケットを買う。

　原級に比較級の語尾「-er」がつき、さらにその後に名詞に対する語尾（例文では「-e」）がついています（schön → schöner → schönere Jacke）。

3）副詞として

　「もっと〜に」という比較の意味を持った副詞として動詞・形容詞を修飾します。

⇨ **Der Wagen fährt schnell.**

　その自動車は速く走る。【schnell 速い】

⇨ **Der Wagen fährt schneller.**

　その自動車はもっと速く走る。

⇨ **Der Wagen fährt schneller als mein Wagen.**

　その自動車は私の自動車よりも速く走る。

⇨ **Ein Falke kann schneller fliegen als ein Sperling.**

　ハヤブサはスズメよりも速く飛ぶことができます。【r Falke ハヤブサ、fliegen 飛ぶ、r Sperling スズメ】

　形容詞は副詞として使えるという一般原則は、比較級になっても変わりません。

⇨ **Ihre Stimme ist schöner als meine Stimme.**（形容詞として）

　彼女の声は私の声よりも美しい。【e Stimme 声】

⇨ **Sie singt schöner als ich.**（副詞として）

　彼女は私よりも美しく歌う。

最上級の使われ方

最上級の場合も比較級と同じで、形容詞・副詞の特徴はそのまま保持されます。

1）述語として

⇨ **Er ist jung.**

　彼は若い。【jung 若い】

⇨ **Er ist** am jüngsten.

　彼は一番若い。

⇨ **Er ist** am jüngsten **von uns.**

　彼は私たちの中で一番若い。

2）名詞の修飾語として

⇨ **Er nimmt das teure Zimmer.**

　彼は高い部屋を取る。【nehmen 取る、teuer 高価な、s Zimmer 部屋】

⇨ **Er nimmt das** teuerste **Zimmer.**

　彼は一番高い部屋を取る。

3）副詞として

⇨ **Der Hase läuft schnell.**

　このウサギは速く走る。【r Hase ウサギ、laufen 走る】

⇨ **Der Vogel fliegt** am schnellsten.

　その鳥が一番速く飛ぶ。

● **この〜が最も…だ** ▶

「この参加者が最も若い」と言うとき、

  a）**Dieser Teilnehmer ist** am jüngsten.【r Teilnehmer 参加者】

  b）**Dieser Teilnehmer ist** der jüngste（**Teilnehmer**）.

の2つの言い方が可能です。a）は述語としてのjungの最上級で、b）はTeilnehmerの修飾語としてのjungの最上級です（文脈から推測できるので、無用な後半のTeilnehmerは削除されます）。どちらの表現も普通に用いられますが、敢えて違いを述べれば、a）の表現は性質に注目した一般的な比較で、形容詞で示された性質に焦点が当てられます。それに対してb）は、名詞を含んだ「若い参加者」という具体的な部分に焦点が当てられます。

　なお、b）の表現においては、最上級につく冠詞（ここでは der jüngste）は、省略された名詞の性にしたがってつけます。

Diese Künstlerin ist die bekannteste（**Künstlerin**）.

この芸術家は一番有名です。【e Künstlerin 芸術家、bekannt 知られている】

変則的な比較級・最上級

いくつかの形容詞・副詞は比較級・最上級で変則的な形を取ります。

原級	比較級	最上級
gut　（良い）	besser	best
hoch（高い）	höher	höchst
nah　（近い）	näher	nächst
viel　（多くの）	mehr	meist
groß　（大きい）	größer	größt

baldとgernは副詞としての用法しかないので、以下のようになります。

原級	比較級	最上級
bald（間もなく・副詞）	eher	am ehesten
gern（好んで・副詞）	lieber	am liebsten

同等比較so 〜 wie …「…と同じくらい〜」 B43

この形は形容詞にも副詞にも使われます。

⇨ **Mein Bruder ist so alt wie ihr Bruder.**

私の兄は彼女の兄と同年です。

⇨ **Er kocht so gut wie ein Profi.**

彼はプロ並みに料理する。【r Profi プロ】

⇨ **Du bist so begabt wie ich.**

あなたは私と同じくらい才能があります。【begabt 才能がある】

⇨ **Ich bin so einsam wie du.**

私はあなたのように孤独です。【einsam 孤独な】

⇨ **Es ist nicht so kalt wie im letzten Winter.**

去年の冬ほど寒くはありません。【letzt この前の、r Winter 冬】

増加の程度を強調する

「ますます寒くなる」と言いたいとき、「immer」を比較級の直前に置いたEs wird immer kälter. か、少し感情を込めて比較級を重ねることもできます。Es wird kälter und kälter.

⇨ **Die Politik wird immer undurchsichtiger.**

政治のあり方はますます不透明になっている。【e Politik 政治、undurchsichtig 不

透明な】

⇨ **Der Sturm wird** immer heftiger.

嵐はますます激しくなる。【r Sturm 嵐、heftig 激しい】

⇨ **Es wird** immer ungemütlicher.

雰囲気がますます悪くなる。【ungemütlich 居心地の悪い】

⇨ **Es wird** lauter und lauter.

どんどんうるさくなる。【laut 騒々しい】

⇨ **Es wurde** dunkler und dunkler.

だんだん暗くなった。【dunkel 暗い】

je + ①の比較級、desto + ②の比較級「①の程度が強くなるにつれて、②の程度がますます強くなる」

⇨ Je älter **er wird,** desto milder **wird er.**

彼は歳を取れば取るほど、ますます温和になる。【mild 穏やかな】

⇨ Je mehr CO_2 **in die Atmosphäre gelangt,** desto wärmer **wird es.**

より多くのCO_2が大気の中に侵入すればするほど、暖かくなります。【CO_2（ツェー・オー・ツヴァイと読みます）、e Atmosphäre 大気、gelangen 到達する、warm 暖かい】

⇨ Je mehr, desto besser.

多ければ多いほどよい。

練習問題

▶

練習 34a 冒頭の形容詞を比較級にして和文に相当する文になるよう
（　）内に入れてみましょう。

（1）[schnell 速い] → Das Flugzeug ist（　　　　　　）als die Bahn.
飛行機は鉄道よりも速い。【s Flugzeug 飛行機、e Bahn 鉄道】

（2）[hoch 高い] → Das Matterhorn ist（　　　　　　）als der Fuji.
マッターホルンは富士山より高い。【s Matterhorn マッターホルン、r Fuji 富士山】

（3）[klug 賢い] → Sie ist（　　　　　）als alle anderen in der Klasse.
彼女はクラスの他の誰よりも賢い。【alle anderen 他の全員、e Klasse クラス】

（4）[alt 年とった] → Er wirkt etwas（　　　　　　）als seine Mitschüler.
彼は同級生よりもやや年上に見える。【etwas 少し、d Mitschüler＜r Mitschüler 同
級生】

▶

練習 34b 冒頭の形容詞を比較級にして和文に相当する文になるよう
（　）内に入れてみましょう。

（1）[klein 小さい] → Ich hatte eine（　　　　　　）Portion bestellt.
私は少なめの量を注文していました。【e Portion 分量、bestellen 注文する】

（2）[intelligent 知的な] → Menschen sind nicht unbedingt die（　　　　　）
Lebewesen.
人間は必ずしも（より）知的な生き物ではありません。【d Menschen＜r Mensch 人間、
nicht unbedingt 必ずしも～でない、d Lebewesen＜s Lebewesen 生き物】

（3）[liberal リベラルな] → Er ist ziemlich konservativ, seine Freundin
dagegen ist weitaus（　　　　）.
彼はかなり保守的ですが、彼のガールフレンドはもっとリベラルです。【ziemlich か
なり、konservativ 保守的な、dagegen それに反して、weitaus ずっと】

練習 34c　冒頭の形容詞を最上級にして和文に相当する文になるよう
（　　）内に入れてみましょう。

（1）［kalt 寒い］→

Dieser Winter war vermutlich（　　　）（　　　　　　　　　　）.

この冬はおそらく最も寒かった。【r Winter 冬、vermutlich 察するに】

（2）［schön 美しい］→ Dieser Garten ist（　　　）（　　　　　　　　　）.

この庭が一番綺麗だ。【r Garten 庭】

（3）［laut 騒々しい］→

Dieses Stadtviertel ist nachts immer（　　　）（　　　　　　　　）.

この街区はいつも夜中は一番騒々しい。【s Stadtviertel 街区、nachts 夜中に】

（4）［glücklich 幸福な］→ Er ist（　　　）（　　　　　　　　）, wenn er

allein ist.

彼は1人でいるときが一番幸せなのです。【allein 独りで】

練習 34d　冒頭の形容詞を最上級にして和文に相当する文になるよう
（　　）内に入れてみましょう。

（1）［teuer 高価な］→ Sie haben die（　　　　　　　）Reise gebucht.

彼らは一番高い旅行を予約してしまった。【e Reise 旅行、buchen 予約する】

（2）［schnell 速い］→ Das（　　　　　　　）Auto ist nicht unbedingt das

（　　　　　）.

最も速い車が最も経済的であるとは限らない。【sparsam コスパの良い】

（3）［hoch 高い］→ Hier steht das（　　　　　　　）Gebäude der Welt.

ここでは世界で最も高いビルが聳えています。【s Gebäude 建物、e Welt 世界】

（4）［schlimm 悪い］→ Das ist wohl die（　　　　　　　）Katastrophe

der Geschichte.

これは、史上最悪の災害に値します。【wohl たぶん、e Katastrophe 大災害、
e Geschichte 歴史】

(▶)

練習 34e 冒頭の副詞を比較級にして和文に相当する文になるよう（　）内に入れてみましょう。

（1）[schnell 速く] → Er denkt immer viel（　　　　　）als ich.

彼はいつも私よりずっとスピーディーに考える。【denken 考える、viel ずっと】

（2）[gut 上手に] → Sie kocht weitaus（　　　　　）als wir alle.

彼女は私たちみんなより料理が上手だ。【kochen 料理する、weitaus はるかに】

（3）[schlimm ひどく] →

Das stinkt noch（　　　　　）als ein Schweinestall.

それは豚小屋より臭い。【stinken 臭い匂いがする、noch もっと、r Schweinestall 豚小屋】

(▶)

練習 34f 冒頭の副詞を最上級にして和文に相当する文になるよう（　）内に入れてみましょう。

（1）[langsam ゆっくりと] → Er lernt（　　）（　　　　　　　）.

彼は最も遅い学習者です。【lernen 学ぶ】

（2）[laut 大声で] → Sie singt（　　）（　　　　　　　）.

彼女は一番大きな声で歌います。

(▶)

練習 34g 冒頭の形容詞を使って、和文に相当する文になるよう（　）内を埋めてみましょう。

（1）[schön 綺麗な] → Das Wetter ist nicht（　　）（　　　　　）（　　）

in Spanien.

天気はスペインほど良くない。【s Wetter 天気、s Spanien スペイン】

（2）[hoch 高い] → Der Stuhl ist nicht（　　）（　　　　　）（　　）deiner.

その椅子は君のほどしっかりしていない。【r Stuhl 椅子、stabil しっかりした】

（ 3 ）［radikal ラジカルな］→ Sie sind nicht （　）（　　　　　）（　）

die anderen.

彼らは他の人達のようにラジカルではない。【ander 他の】

（ 4 ）［gut 良い］→ Die Straßen sind nicht （　）（　　　　　）（　）bei

uns.

道路は私たちの所ほど良くない。【d Straßen ＜ e Straße 道路】

(▶)

練習 34h　冒頭の副詞を使って、和文に相当する文になるよう（　）内を
埋めてみましょう。

（ 1 ）［elegant エレガントに］→ Er spielt nicht （　）（　　　　　）（　）

seine Schwester.

彼は妹ほど優雅に演奏しない。

（ 2 ）［toll 素晴らしく］→ Das klingt nicht （　）（　　　　　）（　）im

Konzertsaal.

それはコンサートホールでのように素敵には聞こえない。【klingen 音が聞こえる、
r Konzertsaal コンサートホール】

(▶)

練習 34i　gern を和文にふさわしい形にして（　）内を埋めてみましょう。

（ 1 ）Ich gehe （　　　　　）ins Kino.

私は映画を見に行くのが好きです。

（ 2 ）Ich gehe （　　　　　）ins Theater.

私は芝居を見に行く方が好きです。【ins Theater gehen 観劇に行く】

（ 3 ）Ich gehe （　　　　）（　　　　　　　　　）ins Konzert.

私はコンサートに行くのが一番好きです。【ins Konzert gehen コンサートに行く】

zu不定詞とzu不定詞句

Ich hoffe, das nicht zu verpassen.
それを見逃さないといいけど。

B44

不定詞とzu不定詞

　不定詞の前にzuをつけたものを「zu不定詞」と呼び、基本的に「～すること」の意味になります（英語の*to*不定詞に相当します）。分離動詞は分離前綴りと動詞本体の間にzuを置き、1語で書きます。

sprechen（話す）→ zu sprechen、trinken（飲む）→ zu trinken,

auf|stehen（起きる）→ aufzustehen、ein|laden（招待する）→ einzuladen

不定詞句とzu不定詞句

　不定詞から不定詞句が作られたように、zu不定詞からもzu不定詞句を作ることができます。作り方は不定詞句の時と同じで（→15章）、zu不定詞の左側に目的語や副詞などの要素を置きます。

不定詞句：**am Wochenende ins Schwimmbad gehen**

　　　　週末にプールに行く【s Schwimmbad プール】

　　　　einige Gäste zur Hochzeit einladen

　　　　客を結婚式に招待する【einige 幾人かの、d Gäste ＜ r Gast 客、e Hochzeit

　　　　結婚式、zu～ein|laden ～に招待する】

zu不定詞句：**am Wochenende ins Schwimmbad zu gehen**

　　　　　週末にプールに行くこと

　　　　　einige Gäste zur Hochzeit einzuladen

　　　　　客を結婚式に招待すること

不定詞と同じく、zu不定詞も主語は定まっておらず、人称変化もありません。また不定詞が末尾に置かれたように、zu不定詞も最後に置かれます。またzu不定詞句は原則としてコンマで区切られます。

Er versucht, das Problem ohne Hilfe ganz allein zu lösen.

彼は、何の助けもなくたった独りでこの問題を解決しようとしている。【versuchen 試みる、s Problem 問題、e Hilfe 助力、ganz 全く、allein 独力で、lösen 解く】

zu不定詞句の用法

1）主語として

An einem heißen Sommertag Eis zu essen, **ist schön.**

暑い夏の日にアイスクリームを食べるのはいいですね。【heiß 暑い、r Sommertag 夏の日】

　このような場合、仮主語のesを文頭に置いて、zu不定詞句を後ろに回すこともよく行われます（英語も、*it*で *to*不定詞句を受けるのと同じです）。

⇨ Es **ist schön,** an einem heißen Sommertag Eis zu essen.

　暑い夏の日にアイスクリームを食べるのはいいですね。

⇨ Hier zu rauchen, **ist verboten.**

　ここで喫煙することは禁じられています。【rauchen 喫煙する、verboten 禁止されている】

⇨ Es **ist verboten,** hier zu rauchen.

　ここで喫煙することは禁じられています。

⇨ Viel Obst und Gemüse zu essen, **ist gesund.**

　たくさんの果物と野菜を食べるのは、健康に良い。【viel 多くの、s Obst 果物、s Gemüse 野菜、gesund 健康な】

⇨ Es **ist gesund,** viel Obst und Gemüse zu essen.

たくさんの果物と野菜を食べるのは、健康に良い。

⇨ **Es ist gefährlich,** hier ohne Schutzbrille zu arbeiten.

ここではゴーグルなしで作業するのは危険です。【gefährlich 危険な、e Schutzbrille ゴーグル】

⇨ **Es macht Spaß,** ab und zu eine neue Sprache zu lernen.

時には新しい外国語に挑戦するのも、楽しいものです。【Spaß machen 楽しい、ab und zu 時々、e Sprache 言語】

２）目的語として

⇨ **Ich plane,** nach London zu fliegen.

私はロンドンに行くことを計画しています。【planen 計画する、fliegen 飛行機で行く】

⇨ **Wir versuchen,** morgen zu kommen.

明日行くようにしてみます。【versuchen 試みる】

⇨ **Er hat vor,** nach Hamburg zu fahren.

彼はハンブルクへ行く予定です。【vor|haben 予定している】

⇨ **Heute üben wir,** Noten zu lesen.

今日は楽譜を読む練習をします。【üben 練習する、d Noten ＜ e Note 音符、lesen 読む】

⇨ **Wir haben vergessen,** die Rechnungen zu bezahlen.

請求書を支払うのを忘れました。【vergessen 忘れる、d Rechnungen ＜ e Rechnung 請求書、bezahlen 支払う】

⇨ **Ich schlage vor,** heute Abend Pizza zu bestellen.

今晩ピザを注文することをお勧めします。【vor|schlagen 提案する、heute Abend 今晩、bestellen 注文する】

⇨ **Der Arzt empfiehlt seinem Patienten,** mehr Sport zu treiben.

医者は患者にもっとスポーツをするように勧めています。【r Arzt 医師、empfehlen 勧める、r Patient 患者（男性弱変化名詞）、mehr もっと、Sport treiben スポーツをする】

⇨ **Sie lernt,** Software zu programmieren.

彼女はソフトウェアのプログラミングを学びます。【e Software ソフトウェア、programmieren プログラムする】

⇨ **Er fängt an,** Deutsch zu lernen.

彼はドイツ語を学び始めます。【an|fangen 始める、s Deutsch ドイツ語】

３）述語として

⇨ **Ihr Wunsch ist,** endlich wieder ein ruhiges Leben zu führen.

彼女の願いは、久しぶりにまた平穏な生活を送ることです。【r Wunsch 願い、endlich とうとう、wieder 再び、ruhig 落ち着いた、s Leben 生活、führen 送る】

⇨ **Mein Traum ist,** irgendwann einmal perfekt Deutsch zu sprechen.

いつかネイティヴ並みのドイツ語を話すのが私の夢です。【r Traum 夢、irgendwann いつか、einmal 一度、perfekt 完璧に、sprechen 話す】

４）名詞の修飾語として

⇨ **Ich habe keine Lust,** Ihnen zu helfen.

私はあなたを助ける気がしません。【e Lust 〜する気、jm helfen 〜に助力する】

⇨ **Wir haben keine Zeit,** hier noch lange zu diskutieren.

ここでいつまでも議論する時間はありません。【e Zeit 時間、noch lange まだ長く、diskutieren 議論する】

⇨ **Haben Sie die Gelegenheit,** einmal drei Wochen Urlaub zu nehmen?

３週間続けて休暇を取るチャンスがありますか？【e Gelegenheit 機会、drei ３、d Wochen ＜ e Woche 週、Urlaub nehmen 休暇を取る】

5）前置詞と共に

statt ＋ zu不定詞句「〜する代わりに」

⇨ Statt zu schreiben, **kannst du auch mailen.**

書く代わりに、電子メールを送ることができます。【schreiben 書く、mailen メールを送る】

ohne ＋ zu不定詞句「〜することなく」

⇨ Ohne nervös zu werden, **sollten Sie Ihre Rede halten.**

緊張せずに自分のスピーチをしてください。【nervös 緊張している、die Rede halten スピーチする】

um ＋ zu不定詞句「〜するために」

⇨ Buchen Sie übers Internet, **um sich einen Platz zu sichern.**

席を確保するためにオンラインで予約してください。【buchen 予約する、übers Internet インターネットで、r Platz 席、sich³ et⁴ sichern 自分のために確保する】

6）zu不定詞句をコンマで区切らないケース

次のような表現では、zu不定詞句をコンマで区切りません。

「brauchen ＋ nicht ＋ zu不定詞句」で「〜する必要はない」

⇨ **Sie** brauchen **wirklich** nicht zu kommen.

本当に来る必要はありませんよ。

「scheinen ＋ zu不定詞句」で「〜である（する）ように見える」

⇨ **Das** scheint **nicht** besonders appetitlich zu sein.

あまりおいしそうには見えません。【besonders 特別に、appetitlich 食欲をそそるような】

「haben ＋ zu不定詞句」で「〜しなければならない」

⇨ **Ich** habe **noch eine ganze Menge** zu arbeiten.

私はまだたくさんの仕事が残っています。【eine ganze Menge 結構な量】

「sein ＋ zu不定詞句」で「〜されうる（可能性）」

右側縦書き：

第1部 ドイツ語の文字と発音

第2部 文法と練習

第3部 付録

⇨ **Der Roman** war **ganz einfach** zu lesen.

この短編は結構読みやすかった。【r Roman 長編小説、einfach 簡単な】

⇨ **Das Stück** ist **schwer** zu spielen.

この曲は弾きにくい。【s Stück 作品、schwer 難しい、spielen 演奏する】

「**pflegen ＋ zu**不定詞句」で「〜することにしている」

⇨ **Ich** pflege **abends nicht mehr** fernzusehen.

夜はもうテレビを見ないことにしています。【abends 夜に、nicht mehr もはや〜
しない、fern|sehen テレビを見る】

練習問題

(▶)

練習35a ［　　］内の不定詞句を和文に合うような zu 不定詞句に変えて、文を完成させてください。

（1）［den Sommer in Karuizawa verbringen］→ 軽井沢で夏を過ごすのは素敵です。

Es ist schön, _____ .

【verbringen（ある時を）過ごす】

（2）［in der Sonne wandern］→ 日向を長いこと歩くのは疲れます。

Es ist anstrengend, _____ .

【anstrengend 骨が折れる、e Sonne 陽、wandern 歩き回る】

（3）［spät auf|stehen］→ 遅く起きるのが彼女の習慣だった。

Es war ihre Gewohnheit, _____ .

【e Gewohnheit 習慣、spät 遅い時間に】

（4）［eine Ausstellung in Baden-Baden besuchen］→ 私たちはバーデンバーデンの展示会に行く予定です。

Wir haben vor, _____ .

【vor|haben 予定する、e Ausstellung 展示会、Baden-Baden（地名）】

（5）［eine Kreuzfahrt zum Nordpol machen］→ 私たちは北極へのクルーズを計画しています。

Wir planen, _____ .

【e Kreuzfahrt クルーズ、r Nordpol 北極】

（6）［Karten für das Konzert bekommen］→ 私たちはコンサートのチケットを入手しようとしています。

Wir versuchen, _____ .

【versuchen 試みる、d Karten＜e Karte チケット、s Konzert コンサート、bekommen 入手する】

練習 35b　和文に合うように、（　　）内に適切な前置詞を補ってください。

（1）彼らは音楽を学ぶために、ドイツに来ます。

Sie kommen nach Deutschland, (　　　) Musik zu studieren.

【s Deutschland ドイツ、e Musik 音楽】

（2）もっと上手にサッカーができるようになるため、彼は毎日練習する。

Er trainiert jeden Tag, (　　　) besser Fußball spielen zu können.

【trainieren トレーニングする、jeden Tag 毎日、r Fußball サッカー】

（3）一言も言わずに、彼は帰宅した。

Er ging nach Hause, (　　　　　) ein Wort zu sagen.

【nach Hause gehen 帰宅する、s Wort 言葉、sagen 言う】

（4）仕事をする代わりに、彼女は映画を見に行った。

(　　　　　　) zu arbeiten, ging sie ins Kino.

▶

練習 35c　和文に合うように、（　　）内に適切な語を補ってください。

（1）Hast du (　　　　　), mit mir einen Spaziergang (　　) machen?

私と一緒に散歩する気があるかな？【e Lust 〜する気、einen Spaziergang machen 散歩する】

（2）Wir hatten leider keine (　　　　　), ins Konzert (　　) gehen.

残念ながら私たちはコンサートに行く時間がなかった。【e Zeit 時間、ins Konzert gehen 行く】

（3）Sie äußerte den (　　　　　　), einmal in der Stadt (　　) wohnen.

一度町に住んでみたいという希望を彼女は口にした。【äußern 表明する、r Wunsch 希望、einmal 一度】

36

分詞の世界

Bellend rannte der Hund auf den Postboten zu.
吠えながら犬は配達人に飛びついた。

B45

分詞とは

　「分詞」は動詞から作られますが、元となる動詞と形容詞の両方の性質を分かち持った存在です。また、ほとんどの形容詞が副詞としても使われるように、分詞も副詞としても使われます。分詞には「現在分詞」と「過去分詞」があります。

現在分詞

　「現在分詞」は、形式的には「不定詞＋d」で作ることができ、基本的には「〜している」という意味を持ちます（seinのみ例外で **seiend**）。

　lächeln「微笑む」→ lächelnd「微笑んでいる」

　miauen「ニャーニャー泣く」→ miauend「ニャーニャー泣いている」

現在分詞の使われ方

● 名詞の修飾語として

　現在分詞は形容詞として使えますが、多くの場合は名詞の修飾語として使われます。名詞の修飾語として名詞の前に置かれる形容詞は語尾変化しますが（→21章）、これは現在分詞であっても同じです。

⇨ **Sie beobachten den** funkelnden **Sternenhimmel.**

　彼らはきらめく星空を観察しています。【beobachten 観察する、funkeln きらめく、r Sternenhimmel 星空】

⇨ **Der Baum war bevölkert von** zwitschernden **Vögeln.**

その木はさえずる小鳥で賑わっていた。【r Baum 木、bevölkern 賑わう、zwitschern さえずる】

⇨ **Kommenden Sonntag feiern wir deinen Geburtstag.**

次の日曜日には君の誕生日を祝いましょう。【r Sonntag 日曜日、feiern 祝う、r Geburtstag 誕生日】

● 述語として

現在分詞が述語として使われる場合には条件があります。それは現在分詞が「形容詞として一般に認知されている」という条件です。動詞から自由に作った現在分詞を述語として使った場合（通じるかも知れませんが）まともなドイツ語と認められない可能性も多く、注意が必要です。以下の例は、すでに辞書で語彙として認知されている現在分詞です。

⇨ **Das war abwertend und beleidigend.**

それは非常に見下すようで侮辱的なものでした。【ab|werten けなす、beleidigen 侮辱する】

⇨ **Das ist ja entzückend!**

可愛いね！【entzücken うっとりさせる】

● 名詞として

現在分詞が形容詞の性質を持つ以上、名詞化も可能です（→22章）。

		大学生	研究者	旅行者
男性	der	Studierende	Forschende	Reisende
	ein	Studierender	Forschender	Reisender
女性	die, eine	Studierende	Forschende	Reisende
複数	die	Studierenden	Forschenden	Reisenden

● 副詞として

現在分詞は「〜しながら」という意味で動詞を修飾する副詞として使われます。

⇨ **Er sprang** wütend **und laut** schimpfend **aus dem Auto.**

彼は大声で激怒しながら車から飛び出した。【springen 飛ぶ、wüten 怒りまくる、laut 大声で、schimpfen のしる】

過去分詞

　他動詞の過去分詞は「〜された」という受動的完了の意味を持った形容詞として使われます。また完了形でseinを助動詞とする自動詞（sein支配の動詞）の過去分詞は「〜してしまった」という能動的完了の意味をもった形容詞として使われます。これまで過去分詞は、もっぱら現在完了形、受動態との関係で扱われてきました。これについては本章の最後にある囲み記事「過去分詞と完了形・受動形」を参照してください。

　また現在分詞と同様、過去分詞にも形容詞・副詞としての用法があります。

過去分詞の使われ方

● **名詞の修飾語として**

zerbrechen（壊す・他動詞）　ein zerbrochener Krug 壊れたジョッキ
vergehen（過ぎ去る・sein支配の自動詞）　die vergangenen Tage 過ぎ去った日々　misslingen（失敗する・他動詞）　ein misslungener Auftritt しくじったデビュー

● **述語として**

下の囲み記事「過去分詞と完了形・受動形」を参照してください。

● **名詞として**

現在分詞と同様に、名詞化が可能です。

die Angestellte　会社員（女性）【an|stellen 雇用する】
der Pensionierte　年金生活者（男性）【pensionieren 年金を与える】
das Gefundene　発見されたもの【finden 見つける】

● **副詞として**

⇨ **Die politische Lage ist** verzweifelt **ernst.**

政治情勢は絶望的なまでに深刻だ。【politisch 政治的な、e Lage 状況、verzweifeln 絶望させる、ernst 深刻な】

過去分詞の独立的用法

日常会話などで省略などのため、分詞が単独で用いられることがよくあります。

● **指示**

⇨ Hingesetzt!　座って！

⇨ Aufgestanden!　起きて！

● **確認**

⇨ Alles verstanden?　全部わかった？

⇨ Schon gehört?　もう聞いた？

● 過去分詞と完了形・受動形

　過去分詞と聞いて、まず完了形や受動形を連想される方は多いと思います。英語学習においても過去分詞はまず完了形や受動形を学ぶ箇所で登場しました。実は、この２つの文法形態は、この章で確認した過去分詞の特性を基に考えるとよく理解できます。

　まず受動形について見てみます。過去分詞を「〜された」という受動的意味を持つ形容詞と見なすと、受動形「werden + 過去分詞」は「werden + 形容詞」と重なることがわかります。werden を「〜になる」という基本の意味で理解すると、

Das Zimmer wird schön.「部屋は美しくなる」

Das Zimmer wird renoviert.「部屋は改装された状態になる」→「改装される」

　状態受動も同じように

Die Tür ist offen.「ドアは開いています」

Die Tür ist geöffnet.「ドアは開かれた状態です」→「開かれている」

完了形は、次のように考えると納得がいくと思います。

Er hat das Buch gekauft.「彼は買われた状態の本を持っています」

　sein 支配の自動詞の場合、過去分詞は「〜してしまった」という完了の意味を持つので、

Das Flugzeug ist abgeflogen.「飛行機は飛び去ってしまった状態である」

　このように、過去分詞の性質を理解すると、なぜ受動形に werden が使われ、完了形で haben が使われるのか、それなりに納得できると思います。

話法と話法の助動詞

Er muss gestern hier gewesen sein.

彼は昨日ここにいたに違いない。

▶
B46

話法とは

　ドイツ語では、ある事柄を述べるとき3つの「動詞モード」を使い分けています。

1）	「事実として述べる」	→	直説法
2）	「要求として述べる」	→	命令法
3）	「夢想・主観・引用として述べる」	→	接続法

　この3つの動詞モードを文法用語で「話法」と呼んでいます。話法とは、「発言内容に対する話者の意識のあり方」なのです。これまで学んだ動詞の使い方は基本的に1）の「事実として述べる」（直説法）モードで、日常的な言語使用の90％以上にあたります。その点では17章で扱った2）の「命令法」だけが違います。そして3）の「接続法」についてはこのあと38章と39章で詳しく学ぶことになります。

直説法	命令法（→ 17章）	接続法（→ 38・39章）
事柄を事実とみなして述べる	事柄を要求として述べる	事柄を a）夢想・主観として、 　　　 b）引用として述べる

話法の助動詞

　接続法の説明に入る前に、本章ではまず話法と深い関係にある「話法の助動詞」について見てみることにします。14章でkönnenやmüssenなどの助動詞を学んだ折、これらの動詞がドイツ語文法ではしばしば

「話法の助動詞」というネーミングで呼ばれていることに触れました。その時は説明しませんでしたが、「話法」が話題となっているこの章では、そのことを踏まえて、これらの助動詞の使い方をもう少し詳しく学ぶことにしましょう。

könnenやmüssenには「〜できる」「〜ねばならない」といった意味の他に「〜かもしれない」「〜に違いない」といった意味の使い方があります。

⇨ **Er kann vielleicht morgen kommen.**

彼はひょっとすると明日来るかも知れない。【vielleicht ひょっとすると】

⇨ **Sie muss sicher morgen kommen.**

彼女はきっと明日来るに違いない。【sicher きっと】

助動詞のこのような用法（「〜かもしれない」「〜に違いない」）には当然のことながら話者の「推量」や「確信」といった「発言内容に対する意識のあり方」が反映されています。実は「話法の助動詞」という名称もこの用法に由来するのです。sollenの「〜だそうだ」という意味の使い方もここに含まれるでしょう。

⇨ **Sie sollen morgen kommen.**

彼らは明日来るそうだ。

このようなkönnen、müssen、sollenの用法には、14章で学んだ単純な使い方の他、もう少し複雑な使い方があります。それは完了不定詞（→27章）と組み合わせた表現です。

⇨ **Sie kann vielleicht in Deutschland gewohnt haben.**

彼女はひょっとするとドイツに住んでいたのかも知れない。

⇨ **Er muss gestern in die Stadt gefahren sein.**

彼はきのう町へ行ったに違いない。

⇨ **Sie sollen die Prüfung bestanden haben.**

彼らは試験に合格したそうだ。【e Prüfung 試験、et⁴ bestehen 物⁴に合格する】

これらの表現は、過去の出来事を、話し手の推測を交えて語っている

文と言えるでしょう

　その意味では、「過去の出来事に対する推量」を表す未来完了形も、表現としては同類と見なすことができます。

⇨ **Sie wird in dem Hotel gewohnt haben.**

　彼女はそのホテルに泊まったのでしょう。

　このように、können、müssen、sollenには「～かもしれない」「～に違いない」「～だそうだ」という意味を添える助動詞の使い方がありますが、その場合は現在の状況に対しての推量・確信を表現する使い方と並んで、完了不定詞と結んだ、過去の状況に対しての推量・確信を表現する用法があることを覚えておいてください。

⇨ **Das kann gut möglich sein.**

　あるかもしれない。【gut möglich ありそう】

⇨ **Er kann vielleicht vor 2 Monaten hier gewesen sein.**

　彼はひょっとすると2か月前にここにいたかも知れない。【vielleicht ひょっとすると、d Monate ＜ r Monat 月】

⇨ **Sie muss jetzt sicher schon zu Hause sein.**

　　彼女は今きっともう家にいるに違いない。【sicher 確かに、zu Hause sein 在宅している】

⇨ **Er muss schon gestern Richtung USA geflogen sein.**

　彼はもう昨日アメリカに向けて飛び立ったに違いない。【Richtung～ ～へ向けて】

⇨ **Er soll heute eine Pressekonferenz abhalten.**

　彼は今日記者会見を開くそうだ。【e Pressekonferenz 記者会見、ab|halten 行う】

⇨ **Sie soll nach der Prüfung ein Glas Sekt zu viel getrunken haben.**

　彼女は試験のあとシャンペンをちょっと飲みすぎたそうだ。【e Prüfung 試験、ein Glas Sekt 一杯のシャンペン、zu viel 余りに多く】

仮定法（接続法Ⅱ）

Wenn es möglich wäre, würden wir gerne umziehen.

もし可能だったら、私たちは引っ越したいところです。

▶
B47

仮定法とは

　これまで学んだ「**直説法**」では、実際に起こっていること、または存在していることを表現します。

⇨ **Ich bin Schriftsteller und ich schreibe einen Roman.**

　私は作家で、小説を書いています。【r Schriftsteller 作家、r Roman 小説】

⇨ **Wir haben eine Yacht und wir segeln um die Welt.**

　私たちはヨットを持っていて、世界中を航海しています。

　【e Yacht ヨット、segeln 帆走する】

⇨ **Sie wohnt auf einer einsamen Insel und kann dort in Ruhe komponieren.**

　彼女は離れ小島に住んでいて、そこでだれにも邪魔されずに作曲することができます。【einsam 孤独な、e Insel 島、in Ruhe ゆっくり、komponieren 作曲する】

　（日本語と同じように、kannの前の2番目のsieが省略可）

　これに対して、**仮定法**は「もしかして…」の可能性を表現するためにあります。

⇨ **Wenn ich Schriftsteller wäre, schriebe ich eine Roman.**

　もし私が作家だったら、小説を書くところです。

⇨ **Wenn wir eine Yacht hätten, segelten wir um die Welt.**

　もしヨットがあったら、世界中を航海するところです。

⇨ **Wenn sie auf einer einsamen Insel wohnte, könnte sie dort in Ruhe komponieren.**

　もし彼女が離れ小島に住んでいるのなら、誰にも邪魔されず作曲できるところです。

「もしかして…」ということは、あくまでも想像で、現実とは異なった状況です。仮定法では動詞の姿が直説法とは少し違っているのがおわかりになりますか？この形が、文法用語で「接続法Ⅱ」と呼ばれているものです。「接続法Ⅱ」に与えられる基本的な意味は「バーチャル・非現実的な仮定」です。

接続法Ⅱの作り方

　接続法Ⅱは過去基本形が基になりますが、規則動詞と不規則動詞で作り方が多少異なります。

　規則動詞 →「過去形」がそのままの形で接続法Ⅱにもなります（不定詞の語幹に「-te」をつける）。

kaufen → kauf + te → kaufte、lernen → lern + te → lernte

　不規則動詞 → 過去基本形に「-e」をつけ、なお母音a、o、uがあればウムラウトさせる（ä、ö、ü）。

gehen → ging → ginge、geben → gab → gäbe

sein → war → wäre

表にまとめてみます。

	規則動詞	不規則動詞			
不定詞	kaufen	können	werden	haben	sein
過去基本形	kaufte	konnte	wurde	hatte	war
接続法Ⅱ	kaufte	könnte	würde	hätte	wäre

　接続法も定動詞として人称変化します。その場合は、直説法・過去人称変化と同じ語尾をつけます。

接続法Ⅱの人称変化						
ich	–	kaufte	könnte	würde	hätte	wäre
du	-st	kauftest	könntest	würdest	hättest	wärest
er/sie/es	–	kaufte	könnte	würde	hätte	wäre
wir	-n	kauften	könnten	würden	hätten	wären
ihr	-t	kauftet	könntet	würdet	hättet	wäret
sie（Sie）	-n	kauften	könnten	würden	hätten	wären

　不規則動詞はウムラウトするなど直説法との形の違いが比較的よくわかりますが、規則動詞の方は人称変化も含め直説法過去形と全く同じになるので、紛らわしい場合が生じます。そこで、規則動詞の場合は、下に示すように「würden＋不定詞」による言い換えをしばしば用います。

　接続法において、直説法のようなきめ細かな時制の区分はなく、直説法における過去・現在完了・過去完了の3つが、「完了形」一つに圧縮された形になっています。

	直説法	接続法Ⅱ
現在形	Sie kommt nicht.	Sie käme nicht.
過去形	Sie kam nicht.	Sie wäre nicht gekommen.
現在完了形	Sie ist nicht gekommen.	
過去完了形	Sie war nicht gekommen.	
未来形	Sie wird nicht kommen.	Sie würde nicht kommen.
未来完了形	Sie wird nicht gekommen sein.	Sie würde nicht gekommen sein.

würden + 不定詞による言い換え

　規則動詞の接続法Ⅱは直説法の過去形と同形になります。そこで、接続法だと言うことを明示するため、規則動詞においては、しばしば以下のようなwürden + 不定詞による表現を代用します。この場合は、würdenを助動詞のように使って定動詞とし、本動詞は不定詞の形で文末に置かれます。

⇨ **Wenn es gefährlich** wäre, **würden wir es erst gar nicht versuchen.**

　危なかったら、そもそも絶対にやらないだろうね。【gefährlich 危険な、erst 最初に、gar nicht 全く〜しない、versuchen 試みる】

　このやり方は規則動詞ばかりでなく、不規則動詞でも使われます。

接続法Ⅱによる仮定法の例

⇨ **Wenn er heute noch** käme, wären **wir sehr erleichtert.**

　今日、彼が来てくれたら、私たちはほっとするでしょう。【erleichtert ほっとした】

⇨ **Wenn ich reich** wäre（=Wäre ich reich）, würde **ich trotzdem weiter arbeiten.**

　もし私が金持ちだったとして、それでも働き続けるでしょうね。【reich 金持ちの、trotzdem それにもかかわらず、weiter|arbeiten 働き続ける】（前提部の「wenn」が省略された場合、定動詞「wäre」が文頭に置かれます。）

過去における事実と異なる仮定

　次の2つの文を較べてみましょう。

1）**Wenn du Lust** hättest, könnten **wir das Buch auch zusammen schreiben.**

　もしよかったら、その本を一緒に書くこともできるんだけどね。

2）**Wenn du Lust** gehabt hättest, hätten **wir das Buch auch zusammen** schreiben können.

あの時君にその気があったら、その本を一緒に書くこともできたんだけどね。

　1）は現在の事実と異なる事態を仮定しての発言ですが、2）は過去の事実と異なる事態を仮定してなされた発言です。つまり、「その時、（やる気はなかったのだけれど、）もしその気があったら、2人で本を書けたのに」という発言。このように、過去に実現しなかった状況を仮定するときには、例文に見られるように接続法Ⅱの完了形を用います。

⇨ **Wenn du den Antrag rechtzeitig** gestellt hättest, hätten **wir jetzt keinen Ärger** bekommen.

　申請書を期限通りだしておいてくれれば、揉めたりはしなかったでしょう。【r Antrag 申請、rechtzeitig 期限に間に合って、Ärger bekommen 揉める】

⇨ Hätte **ich damals besser** aufgepasst, wäre **der Unfall nicht** geschehen.

　あの時もっと注意していれば、事故は起こらなかったろう。【damals あの時、auf|passen 注意する、r Unfall 事故、geschehen 起きる】

　過去完了の場合も、前提部の「wenn」が省略された場合、定動詞「hätte」が文頭に置かれます。

als ob ＋ 接続法Ⅱ「あたかも〜であるかのように」

　als obと接続法Ⅱを組み合わせることで、英語の「*as if* 〜」に似た、「実際にはそうでないのだけれど、そうであるかのようだ」という意味の文が作れます。

⇨ **Er tut immer, als ob er alles** wüsste.

　彼は全て心得ているかのように振る舞う。【tun 行う】

⇨ **Er sieht aus, als ob er tagelang nicht** geschlafen hätte（＝als hätte **er tagelang nicht** geschlafen）.

　彼は何日も寝ていなかったような顔をしている。【aus|sehen 〜に見える、tagelang 何日も】（als ob…の文で、ob が省かれて als の直後に定動詞が置かれることもあります。）

接続法Ⅱを単独で使うとき

1）前提のみ

⇨ **Wenn wir nur seine Adresse** wüssten!

彼の住所を知っていればよかったけど！【e Adresse 住所】

⇨ **Hätte ich nur das richtige Passwort!**

正しいパスワードを持っていればよかったのに！【richtig 正しい、s Passwort パスワード】

2）前提が省略された場合

⇨ **Das** würde **ich nicht kaufen!**

それは私なら買いませんね！

⇨ **Das** würde **ich Ihnen aber nicht raten!**

それはお勧めできません（＝やめた方がいいです）！【raten 勧める】

3）お願い・提案・マイルドな要望

仮定のこととして述べることで表現が間接的（マイルド）になるので、日常生活ではよく使われます。

⇨ **Ich** hätte（または möchte）**gern die Melone hier.**

このメロンください。【hätte (möchte) gern ～をいただきたい、e Melone メロン】

⇨ **Würden Sie mir bitte Ihren Stift leihen?**

ペンを貸していただけませんか？【r Stift ペン、leihen 貸す】

⇨ **Könntest du das erledigen?**

これをしてもらえますか？【erledigen 片付ける】

次の39章で扱う「接続法Ⅰ」と本章で扱った「接続法Ⅱ」の「Ⅰ」「Ⅱ」という数字は、序列や相互関係を示すものではなく、単に使い方を区別

するためのものです。

39 引用法（接続法Ⅰ）

Es heißt, der Klimawandel sei unausweichlich.

気候変動は避けられないと言われています。

B48

　他人の発言を伝える場合には、「直接引用」と「間接引用」の２つの可能性があります。この章ではドイツ語における「引用」の仕方について学びます。

● **直接引用**

a）Sie behauptet: „Er schläft den ganzen Tag und tut gar nichts.“

「彼は一日中寝てて何もしないんだから」と彼女は訴えています。

● **間接引用**（接続詞を使った直説法）

b）Sie behauptet, dass er den ganzen Tag schläft und gar nichts tut.

彼が一日中寝ていて何もしないことを、彼女は訴えています。

　しかし、ドイツ語では、間接引用において、日本語にも英語にもないもう一つの引用の仕方があります。それが、接続詞を使わず、動詞の形を変えることによって「引用」であると明示する引用法です。この時使われる動詞の形が文法用語では「接続法Ⅰ」と呼ばれるものです。

● **間接引用**（接続法を使った引用）

c）Sie behauptet, er schlafe den ganzen Tag und tue gar nichts. 引用法（接続法Ⅰ）

彼は一日中寝ていて何もしない、と彼女は訴えています。

266

　ここで、b) と c) はどこが違うのでしょうか？両者の違いは、伝えられた内容に対する話し手のスタンスと密接な関わりがあります。b) の場合は、伝達者がその内容を一応事実と見なして伝えていますが、c) の場合は、彼女の主張を（事実かどうかは無関係に）そのまま伝えていることになります。

　ただし、説続法Ⅰという形は日常会話では、それ程多く使われることはありません。通常のコミュニケーションでは直説法の使用が主流となります。説続法Ⅰがしばしば登場するのは、メディア上で他人や組織などの発言を間接的に、しかし中立な立場で信憑性を保ちながら報道する場合です。その他、学術論文などの間接引用でも接続法Ⅰの形は不可欠です。

接続法Ⅰの作り方

　接続法Ⅰは、「不定詞の語幹＋e」で作ります。例外はseinのみで、「**sei**」となります。接続法も定動詞になるので人称変化します。その際、過去人称変化と同じ語尾をつけます。以上の点を、表にまとめてみます。

不定詞		kaufen	können	werden	haben	sein
接続法Ⅰ		kaufe	könne	werde	habe	sei
ich	-	kaufe	könne	werde	habe	sei
du	-st	kaufest	könnest	werdest	habest	seist
er	-	kaufe	könne	werde	habe	sei
wir	-n	kaufen	können	werde	haben	seien
ihr	-t	kaufet	könnet	werdet	habet	seiet
sie(Sie)	-n	kaufen	können	werden	haben	seien

この表では、一応全ての人称形が揃っていますが、「他人の発言を伝える」という役割を考えると、実際に使われる頻度が高いのは3人称のer/sie/esまたは複数形のsie（彼ら）です。特に単数のer/sie/es/man（一般人称の「人」）は、登場の機会が多く、形の上でも「接続法」と確認しやすくなっています。

＊er/sie/es以外の使用頻度の低い人称では、直説法と同形になるものがあります。この場合は、直説法ではないことを明示する手段として、接続法Ⅱを使うことがあります。

1) Sie sagt, ich schlafe den ganzen Tag und tue gar nichts.

彼女は、私が一日中寝ていて何もしないと言っています。

2) Sie sagt, ich schliefe den ganzen Tag und täte gar nichts.

彼女は、私が一日中寝ていて何もしないなどと言っています。

上の例で、1）ではルール通りに接続法Ⅰが使われていますが、動詞の形は直説法も接続法も全く同じになります（schlafe、tue）。ここで2）のように接続法Ⅱを使うと（schliefe、täte）、直説法との違いを意識させると同時に、発言内容への違和感や疑問、受け容れがたさなども表現することができます。

間接的な情報を伝達する手段としての接続法Ⅰには直説法のようにきめ細かな時制の区分はなく、直説法における過去・現在完了・過去完了の3つが、接続法では「完了形」一つに圧縮された形になっています。

	直説法	接続法1
現在形	Sie kommt nicht.	Sie komme nicht.
過去形	Sie kam nicht.	Sie sei nicht gekommen.
現在完了形	Sie ist nicht gekommen.	
過去完了形	Sie war nicht gekommen.	
未来形	Sie wird nicht kommen.	Sie werde nicht kommen.
未来完了形	Sie wird nicht gekommen sein.	Sie werde nicht gekommen sein.

● （実例）**紙上インタビュー**

Die Zeitung fragte den Rennfahrer, ob er keine Angst habe, dass ihm einmal ein größerer Unfall passiere. Er antwortete darauf, nein, er habe eine gute Kondition und werde von einem erfahrenen Coach betreut. Gefragt, ob er schon Pläne für die Zeit nach seiner Sportkarriere habe, antwortete er, dass er welche habe, aber er werde noch nichts verraten.

（dassなどの接続詞に導かれる副文で、接続法が併せて使われることもあります。）

レーサー自身に、いつか大きな事故に遭うという心配はないかどうか、記者が質問しました。それに対して、コンディションも良く、経験豊かなコーチに見てもらっているので、「ない」という答え。引退後の計画はあるかという質問には、「あるにはあるけれども、まだ公表する段階ではない」との答えでした。

【e Zeitung 新聞社、r Rennfahrer レーサー、e Angst 不安、einmal いつか、groß 大きな、r Unfall 事故、jm passieren 人³の身に起こる、e Kondition コンディション、erfahren 経験のある、r Coach コーチ、betreuen 世話をする、d Pläne ＜ r Plan 計画、e Zeit 時、e Sportkarriere アスリートとしての活動、verraten 漏らす】

　新聞記事では、発言は全て接続法で書かれています。文が接続法で書き続けられる限りは、全て同一の発言者の言葉と見なされ、伝達内容であることがわかります。例えば、英語ではこのようなとき「*he said*」と

いった表現の頻繁な繰り返しに頼らなければなりません。ドイツ語の接続法の一つのメリットです。

接続法Ⅰで間接引用をするときの注意点

英語とは違い、時制の一致は不要。引用される文の時制は変わりません。

Sie meinte: „Ich habe keine Lust." 彼女は言った「その気はありません」。

→ **Sie meinte, sie habe keine Lust.**

時、場所を示す副詞は、不都合がない限りそのまま

Er hat behauptet: „Das habe ich gestern gemacht".【behaupten 主張する】

→ **Er hat behauptet, das habe er gestern gemacht.**

決定疑問文はobを補い、補足疑問文は疑問詞を接続詞として使う。どちらの場合も、副文となるので定動詞は後置する。

Sie fragte: „Kannst du kommen?" 彼女は「あなた来られる？」と聞いた。

→ **Sie fragte, ob ich kommen könne.**

他の接続法Ⅰが使われる特別なケース

a) 祈願の言葉として

⇨ **Gott sei Dank!** やれやれ！（神に感謝あれ！）

⇨ **Mögen Sie glücklich sein!** お幸せに！（幸せであって欲しい！）

b) 説明文・注意書きなど

⇨ **Man nehme 3 Tabletten pro Tag jeweils vor dem Essen.**

1日3錠食前服用のこと。【pro ～ごとに、jeweils そのつど】

⇨ **Man achte auch auf die Feinheiten.**

その細かい点にも気を配ること。【auf et⁴ achten ～に配慮する、d Feinheiten < e Feinheit 細部】

数詞について

B49

基数

0	null	17	sieb<u>zehn</u>	34	vierund<u>dreißig</u>
1	eins	18	acht<u>zehn</u>	35	fünfund<u>dreißig</u>
2	zwei	19	neun<u>zehn</u>	36	sechsund<u>dreißig</u>
3	drei	20	<u>zwanzig</u>	37	siebenund<u>dreißig</u>
4	vier	21	ein<u>und</u><u>zwanzig</u>	38	achtund<u>dreißig</u>
5	fünf	22	zwei<u>und</u><u>zwanzig</u>	39	neunund<u>dreißig</u>
6	sechs	23	drei<u>und</u><u>zwanzig</u>	40	<u>vier</u>zig
7	sieben	24	vier<u>und</u><u>zwanzig</u>	50	fünfzig
8	acht	25	fünf<u>und</u><u>zwanzig</u>	60	<u>sech</u>zig
9	neun	26	sechs<u>und</u><u>zwanzig</u>	70	<u>sieb</u>zig
10	zehn	27	sieben<u>und</u><u>zwanzig</u>	80	achtzig
11	<u>elf</u>	28	acht<u>und</u><u>zwanzig</u>	90	neunzig
12	<u>zwölf</u>	29	neun<u>und</u><u>zwanzig</u>	100	(ein)hundert
13	drei<u>zehn</u>	30	<u>dreißig</u>	1000	(ein)tausend
14	<u>vier</u><u>zehn</u>	31	einund<u>dreißig</u>	10 000	zehntausend
15	fünf<u>zehn</u>	32	zweiund<u>dreißig</u>	100 000	hunderttausend
16	<u>sech</u>zehn	33	dreiund<u>dreißig</u>		

　<u>sech</u>zehn、<u>zwanzig</u>のようにアンダーラインのついている数は、読み方が多少変則的ですから注意が必要です。音源もしっかり聞いてください。

13から19までの言い方は次のような発想に基づいています。

3（drei）+ 10（zehn）= dreizehn、4（vier）+ 10（zehn）= vierzehn

20、30、40、50、60、70、80、90の読み方はみな「-zig」で終わります（30だけが例外でdreißigとなります）。

21〜99の読み方は、1の位を読んでから10の位を読みます。ただし、1の位と10の位の間にさらに「und」を入れる必要があります。また、「eins」と読むのは単独の「1」の時だけで、それ以外は「ein」。

1（ein）und 20（zwanzig）= 21（einundzwanzig）

2（zwei）und 30（dreißig）= 32（zweiunddreißig）

3（drei）und 40（vierzig）= 43（dreiundvierzig）

7（sieben）und 80（achtzig）= 87（siebenundachtzig）

9（neun）und 90（neunzig）= 99（neunundneunzig）

100（hundert/einhundert）、200（zweihundert）、300（dreihundert）〜900（neunhundert）及び1000（tausend/eintausend）、2000（zweitausend）〜9000（neuntausend）はそのまま読みますが、その場合でも下2桁は、上の表（1〜99）の読み方の通りです。（9876 = neuntausend-achthundert-sechsundsiebzig）。

口語ドイツ語では、短く簡単な言い方を好み、以下の［und］や［ein］は言わないのが普通です。

101（hundert［und］eins）⇒ und はリズムや強調のため

203（zweihundert［und］drei）

365（dreihundert［und］fünfundsechzig）⇒ 2回続けてのund は重い感じ

1101（［ein］tausendeinhundert［und］eins）

1万は zehntausend（10 × 1.000）と数えます。

35万は fünfunddreißigtausend（35 × 1000）です。

1.000.000 eine/die Million（zwei Millionen, drei Millionen…）

ドイツ語では小数点はコンマ「,」を使います（例：3,14 = drei Komma eins vier）。そのかわり千は1.000と書くこともあります。

「〜回／倍」と言うときは、基本的に基数に「-mal」をつけます。→

einmal、zweimal、dreimal …… zehnmal

序数

第1の、第2の…といった数。序数（英語の*first*、*second*にあたります）は次のように数えます。

0.	nullt	17.	siebzehnt	34.	vierunddreißigst
1.	erst	18.	achtzehnt	35.	fünfunddreißigst
2.	zweit	19.	neunzehnt	36.	sechsunddreißigst
3.	dritt	20.	zwanzigst	37.	siebenunddreißigst
4.	viert	21.	einundzwanzigst	38.	achtunddreißigst
5.	fünft	22.	zweiundzwanzigst	39.	neununddreißigst
6.	sechst	23.	dreiundzwanzigst	40.	vierzigst
7.	siebt	24.	vierundzwanzigst	50.	fünfzigst
8.	acht	25.	fünfundzwanzigst	60.	sechzigst
9.	neunt	26.	sechsundzwanzigst	70.	siebzigst
10.	zehnt	27.	siebenundzwanzigst	80.	achtzigst
11.	elft	28.	achtundzwanzigst	90.	neunzigst
12.	zwölft	29.	neunundzwanzigst	100.	(ein)hundertst
13.	dreizehnt	30.	dreißigst	1000.	(ein)tausendst
14.	vierzehnt	31.	einunddreißigst	10 000.	zehntausendst
15.	fünfzehnt	32.	zweiunddreißigst	100 000.	hunderttausendst
16.	sechzehnt	33.	dreiunddreißigst		

erst、siebzehntのようにアンダーラインのついている数は、読み方が多少変則的ですから注意が必要です。音源もしっかり聞いてください。

原則として、19までは基数に「-t」をつけ、20以上は「-st」をつけます。数字で書くとき序数は「6.」のように「.」をつけます。序数は通

常名詞の前に置かれて、後ろに来る名詞の性・数・格に応じて、形容詞の語尾変化をします。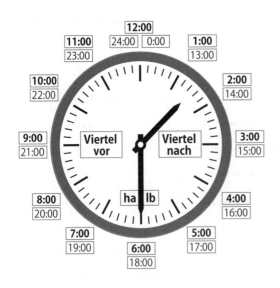

⇨ **Er wohnt auf der** dritten **Etage.** 彼は３階に住んでいます。【e Etage（エター
ジェと読む）階】

⇨ **Heute ist der** vierte **September.** 今日は９月４日です。

時間の表現　　　　　　　　　　　　　　　　　　　　　　　　　　B51

　一般に、公の時刻表示（交通機関・メディアなど）と日常生活での時刻
表示を使い分けます。公の表示では24時間制を用い、日常では12時
間制で表現します。

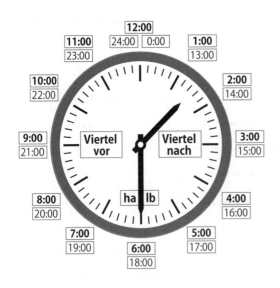

日常の時刻表示では
太い数字・文字
が使われます！

● **公の時刻表示**

　数字通り読みます。形式は次のとおりです。

　時刻の数字 ＋ Uhr ＋ 分の数字 →10 Uhr 12（10時12分）

0:00 0 (null) Uhr. 1:00 1 (ein) Uhr. 13:27 13 (dreizehn) Uhr 27
(siebenundzwanzig).

● 日常的な時刻の言い方

6:00 **Es ist 6**（sechs）（**Uhr**）．6時です。

日常的な時刻表示ではしばしば「halb（半）」「Viertel（＝英語 *quarter*）」という単位を用います。

3:15 **Viertel nach 3**（英語 *a quarter past 3*） 7:45 **Viertel vor 8**（英語 *a quarter to 8*）

●「〜半」という言い方

1：30は、日本語では「1時から30分過ぎた」と考えますが、ドイツ語では、なんと「半分2時になった」と考えます。例えば、

7:30 **halb 8**（acht）、 9:30 **halb 10**（zehn）、 12:30 **halb 1**（eins）。

なお、日常生活では、次のような表現もよく使われます：

5：00 am → morgens um 5（朝の5時）、**11：00 am → vormittags um 11**（午前中の11時）、

12：00 → 12 Uhr mittags（正午）、**3：00 pm → nachmittags um 3**（午後の3時）、**8：00 pm → abends um 8**（夕方の8時）、**11：00 pm → nachts um 11**（夜中の11時）、**24：00 →（um）Mitternacht**（夜中の12時）

● 西暦年の表し方

1000年は **im Jahre tausend**、**1100**年から**1999**年まで、それぞれ **elfhundert, neunzehnhundertneunundneunzig** と綴ります。**2000**年以降は、数字通り読む（**zweitausend**）か、**2010**年代以降は2分割して**2010** は **zwanzig-zehn, 2020** は **zwanzig-zwanzig** という表現も平行して使われるようになりました。**1050**（**das Jahr**）**tausend**（**und**）**fünfzig**、**1848 achtzehnhundertachtundvierzig**、**2000 zweitausend**、**2001 zweitausend**（**und**）**eins. 2022 zweitausendzweiundzwanzig** または **zwanzig-zweiundzwanzig**

日付には序数を用い、男性の定冠詞をつけます。これは男性名詞である Tag（日）が省略されているためです（本来は「29番目の日」）→ **der 29.**（der neunundzwanzigste）、**der 1.**（der erste）、**der 15.**（der fünfzehnte）など。

年月日を書くときは、日付・月・年の順で並べます。

例えば **der 28. 2. 2022**

読み方は **der achtundzwanzigste zweite zweitausendzweiundzwanzig** です。

Heute ist der 28. Februar. 今日は2月28日です。

日付は序数で形容詞扱いなので、格変化します。

⇨ **Die Hochzeit findet am 5. Mai statt.**

結婚式は5月5日に挙行されます。

⇨ **Wir sehen uns wieder am 4. August.**

私たちはまた8月4日に会いましょう。

⇨ **Dies geschah am 24. 12. 1968.**（vierundzwanzigsten zwölften neunzehnhundertachtundsechzig）

このことは1968年12月24日に起こりました。

第 3 部

付録

練習問題の解答

▶ 音声ダウンロードのトラック番号は練習の番号と同じです

練習 1a

(1) Ich trinke Tee.
(2) Du trinkst Wasser.
(3) Sie trinkt Milch.
(4) Sie trinken nichts.

練習 1b

(1) Du singst oft.
(2) Er singt gut.
(3) Sie singt viel.
(4) Sie singen zusammen.

練習 1c

(1) Ich schreibe viel.
(2) Er schreibt schlecht.
(3) Sie schreibt schön.
(4) Wir schreiben morgen.

練習 1d

(1) Ich komme gleich.
(2) Du kommst nicht.
(3) Er kommt morgen.
(4) Sie kommt bald.

練習 1e

(1) Ich trinke Tee.
(2) Du lernst Deutsch.
(3) Er kocht fantastisch.
(4) Wir bleiben hier.

練習 1f

(1) Ich koche gern.
(2) Sie lernt gern Deutsch.
(3) Er bastelt gern.
(4) Wir trinken gern Wein.

練習 2a

(1) Singst du oft?
(2) Singt sie viel?
(3) Singt ihr so selten?
(4) Singen sie zusammen?

練習 2b

(1) Bleibst du hier?
(2) Bleibt sie lange?
(3) Bleiben wir alle hier?
(4) Bleibt ihr noch?

練習 2c

(1) Kommst du gleich?– Ja, ich komme gleich.
(2) Wohnt sie dort? – Nein, sie wohnt nicht dort.
(3) Machen wir das? – Ja , wir machen das.
(4) Schickt ihr das? – Ja , wir schicken das.

練習 2d

(1) Ich kaufe noch etwas. – Was kaufst du?
(2) Wo kauft sie immer? – Sie kauft immer dort.
(3) Wo kauft ihr immer? – Wir kaufen immer online.
(4) Wann kaufen sie das? – Sie kaufen das vielleicht morgen.

練習 2e

(1) Machst du das? – Gut, ich mache das.
(2) Was macht er? – Er macht nichts.
(3) Was machen wir? – Tja, was machen wir?
(4) Was macht ihr? – Wir machen Musik.

練習 2f

(1) **Trinke** ich Tee oder Kaffee?
(2) **Malt er** gern? – Ja, **er** malt gern.
(3) **Bleiben wir** hier? – Nein, **wir** bleiben nicht hier!
(4) **Kaufen** sie etwas? – Nein, sie **kaufen** nichts.

練習 4a

(1) **Die** Sonne scheint.
(2) **Das** Wetter heute ist schön.
(3) **Der** Wagen ist neu.
(4) **Die** Kinder spielen zusammen.

練習 4b

(1) Ich nehme **den** Wagen.
(2) Die Ärztin näht **die** Wunde.
(3) Er beobachtet **die** Sterne.
(4) Ich mache heute **das** Abendessen.

練習 4c

(1) Das passt **dem** Chef wahrscheinlich gar nicht.
(2) Es widerspricht **dem** Zeitgeist.
(3) Das gehört **der** Stadt.
(4) Wir gratulieren **dem** Geburtstagskind.

練習 4d

(1) Er bringt **dem** Gast **die** Rechnung.
(2) Sie erklärt **dem** Schüler **die** Grammatik.
(3) Oma schenkt **der** Enkelin **die** Perlenkette.
(4) Sie schicken **dem** Käufer **die** Ware per Post.

練習 4e

(1) **Der** Wanderer genießt **die** Schönheit **der** Natur.
(2) **Die** Spur **des** Taifuns ist deutlich erkennbar.
(3) **Der** Grad **der** Umweltverschmutzung ist erheblich.
(4) **Die** Regeln **der** Grammatik sind ziemlich kompliziert.

練習 5a

(1) Da sitzt **ein** Vogel.
(2) **Eine** Glocke läutet.
(3) **Ein** Telefon klingelt.
(4) Das ist **ein** Druckfehler.

練習 5b

(1) Ich nehme **einen** Rotwein.
(2) Hast du **ein** Hobby?
(3) Ich brauche **eine** Pause.
(4) Er sucht **einen** Job.

練習 5c

(1) Das Tier ähnelt **einem** Fuchs.
(2) Hier begegnet man oft **einem** Geist.
(3) Der Hund folgt **einer** Spur.
(4) Der Fremdenführer zeigt **einer** Reisegruppe die Stadt.

練習 5d

(1) Sie leiht **einer** Kollegin **ein** Notenblatt.
(2) Wir schicken **einem** Freund **ein** Weihnachtspäckchen.
(3) Man verbietet **einem** Mieter **ein** Haustier.
(4) Er zeigt **einem** Kind **ein** Buch.

練習 5e

(1) Er ist der Sohn **eines** Künstlers.
(2) Das ist das Ergebnis **einer** Katastrophe.
(3) Das sind die Nachwirkungen **einer** Revolution.
(4) Die Ideen **eines** Genies sind nicht immer genial.

練習 6a

(1) Ich **bin** enttäuscht.
(2) Das Kind **ist** noch klein.
(3) **Seid** ihr schon fertig?
(4) **Sind** Sie zufrieden?

練習 6b

(1) **Bist** du auch neu hier?

(2) Sie **ist** IT-Spezialistin.

(3) **Seid** ihr Japaner?

(4) **Sind** Sie hier auch Mitglied?

練習 6 c

(1) Warum **ist** das so?

(2) Wo **ist** der Ausgang?

(3) Warum **sind** Sie alle hier?

(4) Wie **ist** das möglich?

練習 6 d

(1) Wir **haben** Durst.

(2) **Hast** du etwas Zeit?

(3) Er **hat** wirklich Mut.

(4) Sie **haben** alle Angst.

練習 6 e

(1) Er **hat** die Qualifikation.

(2) **Hast** du die Informationen?

(3) **Habt** ihr das Passwort?

(4) **Haben** Sie die Dokumente?

練習 6 f

(1) **Hast** du ein Haustier?

(2) Er **hat** eine Katze.

(3) Sie **hat** eine Frage.

(4) **Haben** Sie einen Termin?

練習 6 g

(1) Wo **haben** Sie Schmerzen?

(2) Wieso **hat** er das?

(3) Wo **hast** du den Schlüssel?

(4) Wo **habt** ihr das Material?

(1) **Nachmittags übt sie Klavier.** - Klavier übt sie nachmittags.

(2) **Bald schreibt sie eine Antwort.** - Eine Antwort schreibt sie bald.

(3) **Morgen früh schlafe ich bis 10.** - Bis 10 schlafe ich morgen früh.

(4) **Bis nächste Woche machen wir einen Plan.** - Einen Plan machen wir bis nächste Woche.

(5) **Einen Monat lang bleibe ich hier.** -

練習 7 a

Hier bleibe ich einen Monat lang.

練習 7 b

(1) **Ist das Buch** teuer?

(2) **Kaufen wir eine** Eigentumswohnung?

(3) **Hast du** vielleicht eine Idee?

(4) **Klingt die Musik** gut?

練習 7 c

(1) **Wer sagt** denn so etwas?

(2) **Wo wohnen Sie** eigentlich?

(3) **Wieso fragen Sie** mich das?

(4) **Wen kennen Sie** noch nicht?

練習 7 d

(1) **Womit schreibe** ich **den** Brief?

(2) **Wo ist** denn das Tablet?

(3) **Wieso funktioniert** das nicht?

(4) **Der** Akku ist leider alle.

練習 8 a

(1) Die **Hunde** bellen.

(2) Drei **Monate** sind um.

(3) Die **Nächte** sind noch kühl.

(4) Die **Töpfe** sind aus Aluminium.

練習 8 b

(1) Das sind **Häuser** aus Stein.

(2) Hier spielen die **Kinder** gern.

(3) Die **Bänder** sind lose.

(4) Die **Lichter** sind an.

練習 8 c

(1) Überall stehen nur **Fabriken**.

(2) Abends singen hier besonders die **Amseln**.

(3) Die **Jungen** spielen Fußball.

練習 8 d

(1) Hier parken viele **Autos**.

(2) Die **PCs** sind alle ganz neu.

(3) Hier sieht man manchmal **Schlangen**.

練習 8 e

(1) Die **Plätze** sind besetzt.

(2) **Tomaten** und **Gurken** sind wieder

billig.
(3) Bitte drei **Orangen** und zwei **Kiwis**.
(4) Sie haben drei **Töchter**.

練習 9 a

(1) **Fährst** du gern nachts?
(2) Der Apfel **fällt** nicht weit vom Stamm.
(3) Er **schläft** jetzt.
(4) **Wäschst** du heute noch?

練習 9 b

(1) **Gibst** du mal bitte die Butter?
(2) **Hilfst** du den Kindern?
(3) Sie **spricht** immer deutlich.
(4) Vorsicht! Das **bricht** leicht!

練習 9 c

(1) Der Zug **hält** hier nicht.
(2) **Isst** du das nicht gern?
(3) **Nimmst** du Rot- oder Weißwein?
(4) Sie **vergisst** immer alles.

練習 10 a

(1) Wem gehört **dieser** Hund?
(2) **Welches** Instrument spielst du?
(3) **Solche** Freunde sind ein Gottesgeschenk.
(4) **Jedes** Mitglied hat einen Ausweis.

練習 10 b

(1) Heute kommt **mein** Freund.
(2) Ist das **deine** Mütze?
(3) Leider kennen wir **eure** Adresse nicht.
(4) Nachher essen wir **deinen** Apfelkuchen.

練習 11 a

(1) Sie fährt mit **dem** Fahrrad.
彼女は自転車で行きます。
(2) Funktioniert das mit dies**en** Batterien?
これはこの電池で動きますか？
(3) Die Katze spielt mit **der** Gummimaus.
猫がゴムのネズミで遊んでいる。

(4) Der Zug kommt aus **dem** Tunnel.
列車がトンネルから出て来る。
(5) Dieses Taschenmesser kommt aus **der** Schweiz.
このポケットナイフはスイス製です。
(6) Das stammt aus **dem** Mittelalter.
それは中世に由来します。
(7) Das geht nach **der** Regel.
それは規則どおりになっている。
(8) Nach Vertragsabschluss ist keine Änderung möglich.
契約締結後の変更は不可能です。
(9) Wir fahren nach Zürich.
我々はチューリヒへ行きます。
(10) Das ist von **der** Herstellerfirma vorgegeben.
これはメーカーにより指定されています。
(11) Diese Information habe ich von ein**er** Vertrauensperson.
この情報は信頼できる人から得ました。
(12) Von Köln nach Aachen ist es nicht weit.
ケルンからアーヘンは遠くない。
(13) Zum Abendessen trinken wir eine Flasche Rotwein.
夕食に私たちは赤ワインを1本飲みます。
(14) Wohin gehen wir? - Nach Shibuya zum Hachiko.
私たちどこへ行くの?渋谷のハチ公へ。
(15) Das wird langsam zu ein**em** Problem.
これはだんだん問題になります。
(16) Sie übernachtet gern bei uns.
彼女は私たちのところに泊まるのが好き。
(17) Beim Einschlafen höre ich gern Musik.
眠りにつくとき音楽を聴くのが好きです。
(18) Das stört beim Arbeiten.
それは仕事の邪魔です。
(19) Seit Wochen ist er krank.
もう何週間も彼は病気です。
(20) Seit dieser Zeit haben alle das Wahlrecht.
それ以来、全員が選挙権を持つようになりました。

(21) Seit dem Tag sprechen sie nicht
mehr miteinander.
その日以来、彼らは互いに口をきいていない。

(22) Ab Montag arbeiten wir wieder
zusammen.
月曜日から私たちはまた一緒に仕事をします。

(23) Ab 12 Uhr ist Mittagspause.
12時から昼休みです。

(24) Der Zug fährt ab München.
その列車はミュンヘン発です。

練習 11b

(1) Er schreibt für einen Sender und für
eine Zeitung.
彼はある放送局と新聞のために執筆しています。

(2) Die Schokolade ist für Oma.
そのチョコレートはお婆ちゃんのためのもので
す。

(3) Der Wind pfeift durch das Fenster.
風がひゅうひゅうと窓から吹き込む。

(4) Das geht nur durch Üben und Üben!
それは練習に練習を重ねてこそうまく行きます。

(5) Wir sind gegen solche Politik.
私たちはそのような政策に反対です。

(6) Gegen 100 Leute warten draußen.
百人くらいの人が外で待っています。

(7) Das Geschäft ist gleich um die Ecke.
例の店はすぐあの角を曲がったところです。

(8) Die Uhr schlägt um Mitternacht.
時計が真夜中に鳴ります。

(9) Entlang der Grenze verläuft eine
Straße.
国境沿いには1本の道が通っています。

(10) Dieser Automat funktioniert ohne
Bargeld.
この販売機はキャッシュレスでOK.

(11) Ohne Organisation wird es schwierig.
組織化しないではそれは難しい。

(12) Bis jetzt ist alles in Ordnung.
今まで全て順調です。

(13) Dieser Zug geht bis Ueno.
この列車は上野まで行きます。

練習 12a

(1) その箱の中にはまだチョコレートが入ってま
す。

(2) 休憩時間に私は居眠りします。

(3) 彼らは森の中でベリーと茸を探します。

(4) おばあちゃんたちは日曜日にはいつも教会
へ行きます。

(5) あそこで1匹の猫が屋根の上に座っているよ。

(6) 私たちは家族と一緒に休暇旅行へ出かけま
す。

(7) 私たちは田舎に住んでいます。

(8) それはドイツ語で書かれています。

(9) それは新聞紙の下にあります。

(10) ここには（人々の間には）、日本人は1人し
かいない。

(11) 家の下にガレージを作るんです。

(12) 雨天の場合は、橋の下へ雨宿りをしてくだ
さい。

(13) 彼女はタオルをフックに掛けます。

(14) ホテルは湖の畔にある。

(15) 彼は上司に宛てメールを書いている。

(16) 生徒たちがバス停で待っている。

(17) 彼らは食事の前には必ずお祈りをします。

(18) 自転車はフェンスの前にあります。

(19) 雨は降っていますか?ちょっとドアの外に出
てみます。

(20) クリスマス休暇の前までには終わらせます。

(21) 俳優たちは舞台裏で待っています。

(22) 柵の向こうでは牛が草を喰んでいます。

(23) 地平線の向こうには何があるんだろう?

(24) 生ゴミは家の裏にあるコンポストに捨てる
だけです。

(25) 霧が谷間を覆っている。

(26) 雲の上では、自由が無限に広がっている。

(27) 新聞には、この事故についてどのように書
かれていますか?

(28) 彼はベッドの上に毛布をかける。

(29) 線路の脇には羊が放牧されている。

(30) 本業の傍ら、彼は深夜のバイトもあるので
す。

(31) 花瓶をピアノの横に置きます。

(32) 学業の傍ら、彼女は法律事務所でバイトを
しています。

(33) 講義の合間に学食に行きましょう。

(34) 木と木の間には蜘蛛の巣が張っています。

(35) 春から夏にかけて、たくさんの花が咲きます。

(36) 2つの文化の間を仲介することは簡単ではありません。

練習 13a

(1) Sie fragen **dich** etwas.

(2) Der Chef dankt **ihr**.

(3) Wir kennen **ihn**.

(4) Natürlich helfen wir **euch**.

練習 13b

(1) Ist das schwer für **euch**?

(2) Sie geht mit **ihm** ins Kino.

(3) Geht ihr zusammen mit **uns**?

(4) Sie stimmen alle gegen **ihn**.

練習 13c

(1) Sie machen **es** ohne **mich**.

(2) Sie spielt schon eine Stunde mit **ihm**.

(3) Außer **mir** geben sie auch **ihm** einen Job.

(4) Deinetwegen verlässt sie **ihn**!

練習 13d

(1) **mein Traumauto**

(2) (**das**) **Hamsterrad**

(3) **meine Brille**

(4) **Freiheit, Gleichheit, Brüderlichkeit**

練習 14a

(1) **Können** Sie **mir** bitte kurz **helfen**?

(2) Was **kann** ich für dich **tun**?

(3) **Wo kann** man hier **parken**?

練習 14b

(1) Das **musst du** bis morgen **machen**.

(2) **Sie müssen das** heute noch **erledigen**.

(3) Das hier **muss seine Schwester** sein.

練習 14c

(1) **Darf ich** wirklich **alles behalten**?

(2) **Sie dürfen** hier **nicht fotografieren**.

(3) Dahin **darfst du** nicht **gehen**.

練習 14d

(1) **Wollt ihr** noch eine Tasse Tee **trinken**?

(2) **Ich will** eigentlich nicht umziehen.

(3) **Willst du** wirklich nicht **aufhören**?

練習 14e

(1) **Sollen wir das** gleich **erledigen**?

(2) **Wohin soll** ich die Vase **stellen**?

(3) **Er soll** das bis morgen **machen**.

練習 14f

(1) Viele Kinder **mögen** keinen Spinat.

(2) **Magst du** wirklich keine Musik **hören**?

(3) Die Leute hier **mögen** ihren Job.

練習 14g

(1) **Möchtest du** ein Eis **essen**?

(2) **Möchten Sie** vielleicht noch einen Nachtisch?

(3) Übermorgen **möchten wir Sie** gern **besuchen**.

練習 14h

(1) Er **wird** wohl müde **sein**.

(2) Wir **werden** morgen in Urlaub **fahren**.

(3) **Wirst du** uns morgen **besuchen**?

練習 16a

(1) **Die Vorlesung fängt** um 9 Uhr 30 **an**.

(2) **Ich rufe dich** nochmal **an**.

(3) **Er sieht** jeden Tag stundenlang **fern**.

(4) **Sie bereitet den Salat** für die Grillparty **vor**.

(5) Wir **verkaufen** unser Sommerhaus.

(6) Vorsicht! Das **zerbricht** leicht.

(7) Dieser Fluss **entspringt** in den Alpen.

練習 17a

(1) Geben Sie mir das Buch!
その本を渡してください。

(2) Fangen wir an!
始めましょう。

（3）Gehen wir ins Kino!
映画見に行こうか。

（4）Schreib mir eine E-Mail!
私にメール送って。

（5）Komm bitte schnell!
急いで来て。

（6）Benutzen Sie bitte den Notausgang!
非常口をお使いください。

（7）Tu das nicht!
それをやらないで!

練習18a

（1）**Wir haben** viel Stress, **und wir schlafen** auch nicht so gut.

（2）**Die Sonne scheint und** die **Blumen** blühen.

（3）Man **fährt** ans Meer **und macht** dort Urlaub.

練習18b

（1）**Ich lese** es, **aber ich verstehe** es nicht!

（2）**Das funktioniert, aber** es **ist** sehr laut.

（3）**Der Wagen ist** schön, **aber wir kaufen** ihn nicht.

練習18c

（1）Erledigen **wir** das heute **oder** lieber morgen?

（2）**Wir gehen** schwimmen, **oder wir machen** etwas anderes.

（3）**Hast du** noch Geld, **oder brauchst du** noch mehr?

練習18d

（1）**Ich esse** kaum Süßes, **denn ich will abnehmen.**

（2）**Vergessen** Sie nicht den Schirm, **denn** es regnet gleich!

（3）**Das ist** sinnlos, **denn es geht** nicht.

練習19a

（1）**Wir wissen**, dass es nicht so einfach **geht.**

（2）**Weißt du**, dass man hier Eintritt

bezahlen **muss?**

（3）Ich **weiß**, dass man das nicht **darf.**

練習19b

（1）**Weißt** du, wie man am besten dorthin **kommt?**

（2）Er **weiß** nicht, warum er so traurig **ist.**

（3）**Wisst** ihr, ob ihr bis morgen damit fertig **seid?**

練習19c

（1）Ich **mag** dich, **weil** du so nett **bist.**

（2）Die Eisbären sterben langsam aus, **weil** das Eis **schmilzt.**

（3）Wir kommen nicht, **weil** es draußen heftig **schneit.**

（4）Sie möchte das nicht spielen, **weil** sie diese Musik nicht **mag.**

練習20a

（1）Sie sieht fern, **während** sie ihre Hausaufgaben **macht.**

（2）Meine Tochter fragt, **ob** du auch **kommst.**

（3）**Da** ihr nicht **mitgehen wollt**, gehen wir allein.

（4）**Wenn** sie nach Haus **kommt**, duscht sie erst einmal.

（5）Sie kommt mit dem Fahrrad, **weil** der Bus heute nicht **fährt.**

（6）**Wenn** sie **anruft**, sag uns Bescheid.

練習21a

（1）Die neue Kollegin ist sehr nett.

（2）Sehen Sie das große Gebäude dort?

（3）Sie wohnen in dem südlichen Stadtteil.

（4）Wir wünschen dir eine schöne Reise.

（5）Ich werde mein altes Auto verkaufen.

（6）Möchtest du wirklich meine alte Gitarre haben?

（7）Kurze Haare stehen dir gut.

（8）Wir lieben scharfes exotisches Essen.

（9）Alkoholfreies Bier schmeckt mir nicht.

	不定詞	過去基本形	過去分詞
1	sein	war	gewesen
2	haben	hatte	gehabt
3	werden	wurde	geworden
4	kommen	kam	gekommen
5	gehen	ging	gegangen
6	fahren	fuhr	gefahren
7	essen	aß	gegessen
8	trinken	trank	getrunken
9	schreiben	schrieb	geschrieben
10	sprechen	sprach	gesprochen
11	waschen	wusch	gewaschen
12	tragen	trug	getragen
13	nehmen	nahm	genommen
14	kennen	kannte	gekannt
15	wissen	wusste	gewusst
16	halten	hielt	gehalten
17	heißen	hieß	geheißen
18	liegen	lag	gelegen
19	rufen	rief	gerufen
20	schlafen	schlief	geschlafen
21	bleiben	blieb	geblieben

練習 25a

(1) Sie **arbeiteten** zusammen.

(2) Es **regnete** stark.

(3) Ich **sagte** das.

(4) Sie **machte** die Tür auf.

練習 25b

(1) Er **schrieb** es auf Deutsch.

(2) Ihr **halft** mir nicht.

(3) Ich **ging** nach Haus.

(4) Sie **verbrannten** die Gartenabfälle.

練習 25c

(1) Ich **wollte** das hören.

(2) Wir **durften** das nicht sagen.

(3) Sie **konnten** das nicht wissen.

(4) Wir **mussten** das einfach machen.

練習 26a

(1) Er hat die Flasche **aufgemacht**.

(2) Was **hast** du gestern **gemacht**?

(3) Wo **hast** du sie **kennengelernt**?

(4) Die Leute **haben** den ganzen Tag **gearbeitet**.

練習 26b

(1) Wir **haben** ihm **geholfen**.

(2) Sie **hat** das Buch **gelesen**.

(3) **Haben** Sie gut **geschlafen**?

(4) Wir **haben** zusammen Eis **gegessen**.

練習 26c

(1) Wo **sind** Sie **ausgestiegen**?

(2) Sie **ist** heute Morgen **abgefahren**.

(3) Sie **sind** zusammen in die Stadt **gegangen**.

(4) **Seid** ihr gestern auch spazieren **gefahren**?

練習 26d

(1) Als der Taifun nahte, **haben** wir die Fenster **geschlossen**.

(2) Da es schon spät war, **sind** wir **gegangen**.

(3) Sie möchten wissen, ob ihr schon etwas **gegessen habt**.

(4) Wir **haben verstanden**, dass es nicht **geklappt hat**.

練習 28a

(1) Ich muss **mich** beeilen, damit ich **mich** nicht verspäte.

(2) Du kommst zu spät, weil du **dich** nicht beeilt hast.

(3) Die beiden haben **sich** sogleich verliebt.

(4) Hänsel und Gretel verliefen **sich** im Wald.

練習 28b

(1) Er putzt **sich** die Zähne.

(2) Wir putzen **uns** die Zähne.

(3) Ich habe **mir** im Keller den Kopf gestoßen.

(4) Verbrenn **dir** am Ofen nicht die Finger!

練習 29a

(1) Weihnachten **wird** vom 24.bis zum 26. Dezember **gefeiert**.

(2) Der Zug **wird** von einem Computer **gesteuert**.

(3) Heute **werden** viele Häuser aus Holz gebaut.

(4) An dieser Brücke **wird** der Pegelstand **ermittelt**.

練習 29b

(1) Rom **wurde** nicht an einem Tag **erbaut**.

(2) Der Ball **wurde** ins Tor **geschossen**.

(3) Danach **wurde** die Frau in die Klinik **gebracht**.

(4) **Wurde** die Ware inzwischen **geliefert**?

練習 29c

(1) Der Vorfall **ist vergessen worden**.

(2) Du **bist gesehen worden**.

(3) Der Unfall **ist** durch Nebel **verursacht worden**.

(4) Ein Teil der Anschaffungskosten **ist erstattet worden**.

練習 29d

(1) Das **muss** noch heute **erledigt werden**.

(2) Die Uhr **muss** um eine Stunde **zurückgestellt werden**.

(3) Hier **soll** eine neue Brücke **errichtet werden**.

(4) Bei Bedarf **kann** das Haus noch weiter **ausgebaut werden**.

練習 29e

(1) Sie **ist verletzt**.

(2) Die Koffer **waren** schon **gepackt**.

(3) Der Keller **war** komplett **überflutet**.

(4) Restaurants und Läden **sind** fast völlig **geschlossen**.

練習 30a

(1) **Es gibt** auch in Japan gute Bäcker.

(2) **Es gibt** nur eine einzige Lösung.

(3) Ich weiß nicht, was **es** heute im Kino **gibt**.

(4) Vorsicht: Hier **gibt es** Giftschlangen!

練習 30b

(1) Es ist nicht bekannt, **wessen** Eigentum das eigentlich ist.

(2) **Wer** hat eben angerufen?

(3) Für **wen** sind diese Getränke?

(4) Von **wem** wurden die Daten gelöscht?

練習 30c

(1) Was für **ein** Gewürz ist das?

(2) Was für **eine** kalte Gegend!

(3) Was für **ein** Gefühl war das?

(4) Was für **eine** Überraschung!

練習 30d

(1) **Welches** Datum haben wir heute?

(2) **Welche** Arbeit möchtest du gar nicht tun?

(3) In **welcher** Gegend liegt diese Stadt?

(4) **Welche** Straße führt in die Innenstadt?

練習 32a

(1) Hunde, **die** bellen, beißen nicht.

(2) Der Baum, **der** hier steht, ist mindestens 100 Jahre alt.

(3) Hast du die Zeitung gelesen, **die** hier liegt?

(4) Ist das der Film, **der** jetzt läuft?

練習 32b

(1) Das Hotel, **das** wir gebucht hatten, mussten wir leider stornieren.

(2) Wo ist der Pullover, **den** du mir geschenkt hast?

(3) Ist das die Suppe, **die** Sie bestellt haben?

(4) Ich brauche einen großen Wagen, **den** ich auch als Büro nutzen kann.

練習 32c

(1) Ist die Frau, an **die** du denkst, etwa meine Schwester?

(2) Das Haus, in **das** wir jetzt ziehen, gehört meiner Mutter.

(3) Er ist ein Mensch, auf **den** man sich verlassen kann.

(4) Der Schraubenzieher, mit **dem** du arbeiten willst, ist viel zu klein.

練習 33a

(1) Wir möchten auf dem Land leben, **wo** wir Hühner halten können.

(2) Die Zeit, **wo** ich studierte, hatte ich wenig Geld.

(3) Das Zimmer, **wo** er seine Musik komponiert, ist ziemlich klein.

(4) Der Ort, **wo** wir uns zum ersten Mal begegneten, ist der schönste Ort auf der Welt.

(5) In dem Dorf, **wo** ich aufgewachsen bin, sprechen wir Dialekt.

(6) Er lebt auf einer Insel, **wo** außer ihm kein anderer Mensch wohnt.

練習 34a

(1) Das Flugzeug ist **schneller** als die Bahn.

(2) Das Matterhorn ist **höher** als der Fuji.

(3) Sie ist **klüger** als alle anderen in der Klasse.

(4) Er wirkt etwas **älter** als seine Mitschüler.

練習 34b

(1) Ich hatte eine **kleinere** Portion bestellt.

(2) Menschen sind nicht unbedingt die **intelligenteren** Lebewesen.

(3) Er ist ziemlich konservativ, seine Freundin dagegen ist weitaus **liberaler**.

練習 34c

(1) Dieser Winter war vermutlich **am kältesten**. （又は **der kälteste**）

(2) Dieser Garten ist **am schönsten**. （又は **der schönste**）

(3) Dieses Stadtviertel ist nachts immer **am lautesten**.

(4) Er ist **am glücklichsten**, wenn er alleine ist.

練習 34d

(1) Sie haben die **teuerste** Reise gebucht.

(2) Das **schnellste** Auto ist nicht unbedingt

das **sparsamste**.

(3) Hier steht das **höchste** Gebäude der Welt.

(4) Das ist wohl die **schlimmste** Katastrophe der Geschichte.

練習 34e

(1) Er denkt immer viel **schneller** als ich.

(2) Sie kocht weitaus **besser** als wir alle.

(3) Das stinkt noch **schlimmer** als ein Schweinestall.

練習 34f

(1) Er lernt **am langsamsten**.

(2) Sie singt **am lautesten**.

練習 34g

(1) Das Wetter ist nicht **so schön wie** in Spanien.

(2) Der Stuhl ist nicht **so stabil wie** deiner.

(3) Sie sind nicht **so radikal wie** die anderen.

(4) Die Straßen sind nicht **so gut wie** bei uns.

練習 34h

(1) Er spielt nicht **so elegant wie** seine Schwester.

(2) Das klingt nicht **so toll wie** im Konzertsaal.

練習 34i

(1) Ich gehe **gern** ins Kino.

(2) Ich gehe **lieber** ins Theater.

(3) Ich gehe **am liebsten** ins Konzert.

練習 35a

(1) Es ist schön, **den Sommer in Karuizawa zu verbringen**.

(2) Es ist anstrengend, **in der Sonne zu wandern**.

(3) Es war ihre Gewohnheit, **spät aufzustehen**.

(4) Wir haben vor, **eine Ausstellung in Baden-Baden zu besuchen**.

(5) Wir planen, **eine Kreuzfahrt zum Nordpol zu machen**.

(6) Wir versuchen, **Karten für das Konzert zu bekommen**.

練習 35b

(1) Sie kommen nach Deutschland, **um** Musik zu studieren.

(2) Er trainiert jeden Tag, **um** besser Fußball spielen zu können.

(3) Er ging nach Hause, **ohne** ein Wort zu sagen.

(4) **Statt** zu arbeiten, ging sie ins Kino.

練習 35c

(1) Hast du **Lust**, mit mir einen Spaziergang **zu** machen?

(2) Wir hatten leider keine **Zeit**, ins Konzert **zu** gehen.

(3) Sie äußerte den **Wunsch**, einmal in der Stadt **zu** wohnen.

不規則動詞変化表

不定詞	過去基本形	過去分詞	特殊な現在形	接続法 II
befehlen 命令する	befahl	befohlen	du befiehlst, er befiehlt	befähle [beföhle]
beginnen 始まる、始める	begann	begonnen		begänne [begönne]
beißen 噛む	biss	gebissen		bisse
biegen 曲がる、曲げる	bog	gebogen		böge
bieten 差し出す	bot	geboten		böte
binden 結ぶ	band	gebunden		bände
bitten 頼む	bat	gebeten		bäte
blasen 吹く	blies	geblasen	du bläst, er bläst	bliese
bleiben とどまる	blieb	geblieben		bliebe
braten ローストする	briet	gebraten	du brätst, er brät	briete
brechen 破れる、破る	brach	gebrochen	du brichst, er bricht	bräche
brennen 燃える、燃やす	brannte	gebrannt		brennte
bringen もたらす	brachte	gebracht		brächte
denken 考える	dachte	gedacht		dächte
dringen 突き進む	drang	gedrungen		dränge
empfehlen 推薦する	empfahl	empfohlen	du empfiehlst, er empfiehlt	empfähle [empföhle]
essen 食べる	aß	gegessen	du isst, er isst	äße
fahren 乗り物で行く	fuhr	gefahren	du fährst, er fährt	führe
fallen 落ちる	fiel	gefallen	du fällst, er fällt	fiele
fangen 捕らえる	fing	gefangen	du fängst, er fängt	finge
finden 見つける	fand	gefunden		fände
fliegen 飛ぶ	flog	geflogen		flöge
fliehen 逃げる	floh	geflohen		flöhe
fließen 流れる	floss	geflossen		flösse
fressen（動物が）食べる	fraß	gefressen	du frisst, er frisst	fräße
frieren 凍える	fror	gefroren		fröre

geben 与える	gab	gegeben	du gibst, er gibt	gäbe
gehen (歩いて)行く	ging	gegangen		ginge
gelingen 成功する	gelang	gelungen		gelänge
gelten 通用する	galt	gegolten	du giltst, er gilt	gälte [gölte]
genießen 享受する	genoss	genossen		genösse
geschehen 起こる	geschah	geschehen	es geschieht	geschähe
gewinnen 勝ち取る	gewann	gewonnen		gewänne [gewönne]
gießen 注ぐ	goss	gegossen		gösse
gleichen 等しい	glich	geglichen		gliche
graben 掘る	grub	gegraben	du gräbst, er gräbt	grübe
greifen つかむ	griff	gegriffen		griffe
haben 持っている	hatte	gehabt	du hast, er hat	hätte
halten 保持する	hielt	gehalten	du hältst, er hält	hielte
hängen 掛かっている	hing	gehangen		hinge
heben 持ち上げる	hob	gehoben		höbe
heißen 名は〜である	hieß	geheißen		hieße
helfen 手伝う	half	geholfen	du hilfst, er hilft	hälfe [hülfe]
kennen 知っている	kannte	gekannt		kennte
klingen 鳴る	klang	geklungen		klänge
kommen 来る	kam	gekommen		käme
kriechen 這う	kroch	gekrochen		kröche
laden 積み込む	lud	geladen	du lädst, er lädt	lüde
lassen 〜させる	ließ	gelassen	du lässt, er lässt	ließe
laufen 走る	lief	gelaufen	du läufst, er läuft	liefe
leiden 苦しむ	litt	gelitten		litte
leihen 借りる、貸す	lieh	geliehen		liehe
lesen 読む	las	gelesen	du liest, er liest	läse
liegen 横たわっている	lag	gelegen		läge
lügen 嘘をつく	log	gelogen		löge
meiden 避ける	mied	gemieden		miede
messen 測る	maß	gemessen	du misst, er misst	mäße
nehmen 取る	nahm	genommen	du nimmst, er nimmt	nähme
nennen 名付ける	nannte	genannt		nennte

290

preisen 賞賛する	pries	gepriesen		priese
raten 助言する	riet	geraten	du rätst, er rät	riete
reißen 裂ける、裂く	riss	gerissen		risse
reiten 馬に乗る	ritt	geritten		ritte
rennen 駆ける	rannte	gerannt		rennte
riechen 匂いがする	roch	gerochen		röche
rufen 呼ぶ	rief	gerufen		riefe
schaffen 創り出す	schuf	geschaffen		schüfe
scheiden 分ける	schied	geschieden		schiede
scheinen 輝く、～らしい	schien	geschienen		schiene
schelten 叱る	schalt	gescholten	du schiltst, er schilt	schölte
schieben ずらす	schob	geschoben		schöbe
schießen 撃つ、射る	schoss	geschossen		schösse
schlafen 眠っている	schlief	geschlafen	du schläfst, er schläft	schliefe
schlagen 打つ	schlug	geschlagen	du schlägst, er schlägt	schlüge
schließen 閉じる	schloss	geschlossen		schlösse
schneiden 切る	schnitt	geschnitten		schnitte
schreiben 書く	schrieb	geschrieben		schriebe
schreien 叫ぶ	schrie	geschrien		schrie(e)
schreiten 歩む	schritt	geschritten		schritte
schweigen 黙る	schwieg	geschwiegen		schwiege
schwimmen 泳ぐ	schwamm	geschwommen		schwämme [schwömme]
schwören 誓う	schwor	geschworen		schwöre [schwüre]
sehen 見る、見える	sah	gesehen	du siehst, er sieht	sähe
sein ～がある、～である	war	gewesen	ich bin, du bist, er ist, wir sind, ihr seid, sie sind	wäre
senden 送る、放送する	sandte [sendete]	gesandt [gesendet]		sandte [sendete]
singen 歌う	sang	gesungen		sänge
sinken 沈む	sank	gesunken		sänke
sitzen 座っている	saß	gesessen		säße
sprechen 話す	sprach	gesprochen	du sprichst, er spricht	spräche

不規則動詞変化表　　291

springen 跳躍する	sprang	gesprungen		spränge
stechen 刺す	stach	gestochen	du stichst, er sticht	stäche
stehen 立っている	stand	gestanden		stände [stünde]
stehlen 盗む	stahl	gestohlen	du stiehlst, er stiehlt	stähle
steigen 登る	stieg	gestiegen		stiege
sterben 死ぬ	starb	gestorben	du stirbst, er stirbt	stürbe
stoßen 突く	stieß	gestoßen	du stößt, er stößt	stieße
streichen 撫でる	strich	gestrichen		striche
streiten 争う	stritt	gestritten		stritte
tragen 運ぶ、着る	trug	getragen	du trägst, er trägt	trüge
treffen あたる、出会う	traf	getroffen	du triffst, er trifft	träfe
treiben 駆り立てる	trieb	getrieben		triebe
treten 歩む	trat	getreten	du trittst, er tritt	träte
trinken 飲む	trank	getrunken		tränke
tun する	tat	getan		täte
verderben ダメになる	verdarb	verdorben	du verdirbst, er verdirbt	verdürbe
vergessen 忘れる	vergaß	vergessen	du vergisst, er vergisst	vergäße
verlieren 失う	verlor	verloren		verlöre
wachsen 成長する	wuchs	gewachsen	du wächst, er wächst	wüchse
waschen 洗う	wusch	gewaschen	du wäschst, er wäscht	wüsche
weisen 示す	wies	gewiesen		wiese
wenden 向きを変える	wandte [wendete]	gewandt [gewendet]		wendete
werben 募集する	warb	geworben	du wirbst, er wirbt	würbe
werden ～になる	wurde	geworden	du wirst, er wird	würde
werfen 投げる	warf	geworfen	du wirfst, er wirft	würfe
wiegen 重さを計る	wog	gewogen		wöge
wissen 知っている	wusste	gewusst	ich weiß, du weißt, er weiß	wüsste
ziehen 引く	zog	gezogen		zöge
zwingen 強制する	zwang	gezwungen		zwänge

文法索引

第1部 — ドイツ語の文字と発音

第2部 — 文法と練習

第3部 — 付録

文法索引　295

著者紹介

森 泉（もり・いずみ）

慶應義塾大学大学院修了 (独語学専攻)、慶應義塾大学名誉教授。
著書に『CD BOOK しっかり身につくドイツ語トレーニングブック』（ベレ出版）、『MP3
CD-ROM 付き場面別ディアロークで身につけるドイツ語単語 4000』『ドイツ語で手帳をつ
けてみる』（共著・ベレ出版）、『新独検対策 4 級・3 級必須単語集』（共著・白水社）他。
好きなもの：カフェと万年筆

HJ クナウプ（ハンス・ヨアヒム クナウプ）

ドイツ・ボン大学哲学学部卒（日本文学専攻）、慶應義塾大学名誉教授。
NHK RADIO JAPAN/NHK WORLD で 1984 年より約 20 年間ドイツ語圏向け日本語講座など
をプロデュース。元 NHK ラジオ「まいにちドイツ語」担当講師。
著書に『聴いて、話すためのドイツ語基本単語 2000』（語研）、『MP3 CD ROM 付き場面
別ディアロークで身につけるドイツ語単語 4000』（共著・ベレ出版）、『新独検対策 4 級・
3 級必須単語集』（共著・白水社）他。
好きなもの：田舎の風景、音楽、料理

音声の内容

ナレーター：HJ クナウプ／久末絹代
タイム：126 分

◉──カバー・本文デザイン　　都井 美穂子
◉──DTP・本文図版　　　　　株式会社 文昇堂
◉──本文イラスト　　　　　　クナウプ 絵里奈

［音声DL付］わかる！ドイツ語 基礎文法と練習

2021 年 12 月 25 日　　初版発行

著者	**森 泉・HJ クナウプ**
発行者	**内田 真介**
発行・発売	**ベレ出版** 〒 162-0832　東京都新宿区岩戸町 12 レベッカビル TEL.03-5225-4790　FAX.03-5225-4795 ホームページ　https://www.beret.co.jp/
印刷	**モリモト印刷株式会社**
製本	**根本製本株式会社**

ISBN 978-4-86064-677-6 C2084　　　　　　　　編集担当　脇山和美